Pater Emiliano Tardif MSC

In Jesus ist Heil

Konsekutivübersetzung der in französischer Sprache gehaltenen Vorträge, Homelien und Gebete: Dr. Alfred und Dr. Liselotte Huber, Wien.

Sprachliche Überarbeitung sämtlicher Texte für die Drucklegung: Dipl.Ing. Horst und Mag.Dkfm. Ingeborg Obereder, Linz.

Herausgeber:
Charismatische Gemeindeerneuerung
der Diözese Linz

W0173781

VERITAS

© Charismatische Gemeindeerneuerung der Diözese Linz;
alle Rechte vorbehalten
Gedruckt in Österreich; 1. Auflage / 1990
Gesamtherstellung: LANDESVERLAG Druck Linz
Vertrieb: VERITAS-Verlag Linz

ISBN 3-85329-883-4

INHALT

VORWORT

Als verantwortliche Leiter der *Charismatischen Gemeindeerneuerung* der Diözese Linz haben wir Pater Emiliano Tardif schon im Jahr 1987 nach Linz eingeladen, um vom 5.–7. Oktober 1990 für einen begrenzten Personenkreis **Glaubenstage** anzubieten. Zu jener Zeit waren die Bücher *Jesus lebt* und *Jesus ist der Messias* von Pater Emiliano Tardif im deutschen Sprachraum noch nicht zu erhalten.

Zwei Monate vor der Veranstaltung zeigte sich, daß das Interesse daran unerwartet stark zunahm. So beschlossen wir, diese *Glaubenstage* mit dem Einverständnis des zuständigen Pfarrers, Herrn Mag. Johann Bergsmann, dem wir hiermit auch herzlich danken, in den größten Kirchenraum Österreichs zu verlegen. Es ist dies der *Mariä-Empfängnisdom,* auch *Neuer Dom* genannt, mit einem Fassungsvermögen von 17000 Menschen.

Weder in Presse, noch im Rundfunk, noch im Fernsehen wurde auf die Veranstaltung hingewiesen – es gab ja auf die Aussendung von 200 Pressemappen anläßlich der zwei Monate vorher abgehaltenen Österreichtagung der *Charismatischen Erneuerung* keinerlei Presseecho. Plötzlich aber traten alle Medien auf den Plan und zeigten lebhaftes Interesse; nicht an den Vorträgen, sondern an den Zeichen, die die Verkündigung von Pater Tardif begleiteten.

Als Veranstalter waren wir einerseits über das große Interesse erfreut, andererseits wurde uns die Gefahr bewußt, daß viele Menschen vielleicht den Heilungen den wichtigsten Stellenwert, der Glaubensvertiefung aber nur einen untergeordneten Rang einräumen würden. Im Bemühen, das erforderliche Gleichgewicht herzustellen,

7

ist es uns daher ein großes Anliegen, die Vorträge von Pater Tardif zu veröffentlichen. Jedem soll auf diese Weise die Möglichkeit geboten werden, *sich im Glauben zu vertiefen.*

Manche setzten ihr Augenmerk vor allem auf Heilungen *spektakulärer Art* und übersahen die vielen *kleinen* angesprochenen Heilungen – vor allem auch seelischer Natur. Diese eher unscheinbaren Heilungen stellen aber für die Betroffenen und für andere, denen sie ihre Heilung bezeugen, eine große Stärkung im Glauben dar. Es ist im übrigen außerordentlich schwierig, durch ärztliche Befunde hieb- und stichfest abgesicherte Heilungen zu dokumentiern. Dies zeigt allein die geringe *offiziell* anerkannte Zahl von *Wundern,* die sich zum Beispiel in Lourdes ereigneten.

Pater Tardif spricht allerdings lediglich von *Zeichen* oder *Heilungen.* Manche Menschen haben selbst bei dieser Formulierung Schwierigkeiten.

Da zeigte zum Beispiel das Röntgenbild einer Frau, die am Heilungsgottesdienst teilgenommen hatte, daß ein Tumor praktisch über Nacht verschwunden war, doch der Skeptiker sagt: Dies hätte auch die bereits begonnene, wenn auch keineswegs abgeschlossene Therapie bewirken können.

Bluthochdruck, der seit über zehn Jahren mit blutdruckhemmenden Mitteln behandelt worden war, normalisierte sich, ohne daß die Betreffende noch Medikamente braucht, doch jemand meint, der Blutdruck könne ja wieder steigen.

Eine Ehe wurde geheilt, und einer sagt: Versöhnung zwischen Eheleuten kommt immer wieder vor.

Ein trotz intensiver Behandlung stark schmerzendes Gelenk wurde nach dem Heilungsgebet plötzlich schmerzfrei, und ein Zweifler fragt: Wie lange wird es anhalten? Wir sind heute so skeptisch, daß wir den Zeugen nicht trauen und bei unerklärlichen Dingen immer Erklärungen finden. Trotzdem, in Linz wurde mindestens 72 Personen Heilung zugesprochen. Dem Team gegenüber gaben bereits unmittelbar nach den Heilungsgebeten 78 Personen an, von ihren Schmerzen befreit oder von ihren Leiden geheilt worden zu sein. 23 Personen gaben im Dom öffentlich Zeugnis davon. In den nachfolgenden Wochen bezeugten immer wieder Personen anhaltende Schmerzfreiheit oder Linderung ihrer Leiden.

Es wurden Menschen von Herzleiden, Gelenkschmerzen, Appetitlosigkeit, Krebs, Taubheit, Nervenschmerzen, Depressionen, Ehekrisen, inneren Verletzungen, Glaubenslosigkeit und . . . geheilt.

Wenn wir den *Zeugen* glauben dürfen, dann kann an der Echtheit des *Wortes der Erkenntnis* auch bei aller psychologischer und fachärztlich vorsichtiger Hinterfragung wohl nicht gezweifelt werden.

Doch wie immer jemand den *Zeichen* oder *Heilungen*, die durch den Dienst von Pater Tardif geschehen sind, gegenübersteht – skeptisch oder bereit, den Zeugen Glaubwürdigkeit einzuräumen – das von Pater Emiliano Tardif *verkündete Wort* ist von leuchtender Klarheit, denn es ist das unverfälschte *Wort Gottes*.

So werden dem Leser in diesem Buch alle neun in Linz gehaltenen Vorträge und die drei Predigten vorgelegt. Aber auch die Heilungsgebete und ein Teil der *Worte der Erkenntnis* mit einigen Berichten über erfolgte Heilungen werden hiemit einem breiten Publikum zugänglich gemacht. Heilungen sind Zeichen für die Wahrheit des verkündeten Wortes und sollen vor allem das Herz für Gottes Wort öffnen.

Möge dieses Buch die Glaubenden im Glauben stärken, die Ungläubigen zum wahren Glauben führen und die Lauen und Gleichgültigen zur notwendigen Umkehr drängen!

Wir danken all jenen Personen, die es als ihre Pflicht angesehen haben, von ihrer Heilung öffentlich Zeugnis abzulegen.

Wir danken Pater Emiliano Tardif, daß er die Einladung nach Linz angenommen hat und hier ohne Furcht das Evangelium in seiner ursprünglichen Einfachheit und Kraft verkündet hat. Dank sei ihm auch dafür ausgesprochen, daß er gegen die Veröffentlichung seiner Vorträge zum Zweck der Evangelisation keinerlei Einwand erhoben hatte oder Bedingungen gestellt hätte.

Schließlich gilt ein besonderer Dank dem Erzbischof von Santo Domingo, Nicolas de Jesus Lopez, der durch die Erteilung seiner Imprimatur für das Buch von Pater Emiliano Tardif *Jesus lebt* schon im Jahre 1984 bekundete, daß Pater Tardif, geborgen im Schoße der Kirche, kirchlich anerkannte Lehre verkündet.

Mit den ungezählten Brüdern und Schwestern, die unermüdlich, selbstlos und voll Freude im Dienste der Evangelisation stehen, bekennen wir gemeinsam:

Jesus lebt, Jesus ist der Messias, und in Jesus ist Heil!

Die verantwortlichen Leiter

der Charismatischen Gemeindeerneuerung der Diözese Linz

GR.Pfr. Karl Ecker   Dipl.Ing. Horst Obereder

Mag. Dkfm. Ingeborg Obereder

Linz, 1. November 1990

1. Die Charismatische Erneuerung

Ich möchte Sie zuerst herzlich begrüßen und Ihnen sagen, wie sehr es mich freut, hier in diesem herrlichen Dom, der der Unbefleckten Empfängnis Mariens geweiht ist, predigen zu dürfen. Wir wollen daher Maria ganz besonders um ihren Schutz bitten.

Der Heilige Geist erneuert die Kirche

Heute morgen, als ich mich auf diese Besinnungstage vorbereitete, habe ich den Herrn um ein Wort gebeten und im zweiten Korintherbrief 5,17 folgenden Schrifttext gefunden: „Wenn also jemand in Christus ist, dann ist er eine neue Schöpfung."

Es ist unser aller Wunsch, daß wir in Christus neu geboren werden. Der Heilige Geist, der die Seele der Kirche ist, will die gesamte Kirche erneuern. Die Kirche ist eine Mutter und als solche steht ihr nicht das Recht zu, alt zu werden. Eine alte Mutter kann auch Kinder haben – denken wir nur an das Wunder, das Elisabeth widerfahren ist. Die Kirche jedoch darf nicht alt werden, weil sie die Aufgabe hat, fortwährend Kinder hervorzubringen. Sie muß sie gewissermaßen neu für das Reich Gottes gebären.

Der Heilige Geist ist es, der die Kirche Jesu Christi ununterbrochen erneuert. Gerade jetzt erleben wir eine wunderbare geistliche Erneuerung. Sogar in jenen Ländern, in denen man schon geglaubt hatte, die Religion sei tot, bezeugt der Herr wiederum, daß ER auferstanden ist und lebt.

Vor zwei Tagen hatte ich die Möglichkeit, in einer wunderbaren, dem kostbaren Blut Jesu geweihten Kapelle eine Heilige Messe zu zelebrieren und die deutsche

Wiedervereinigung zu feiern. An jenem Abend waren 6.000 Gläubige versammelt, und sie riefen, ja schrien geradezu ihren Glauben hinaus, um Gott zu danken. Diese Wiedervereinigung hat nicht bloß eine politische Dimension, sondern ist auch Symbol dafür, daß Gott sein ganzes Volk in Liebe vereinigen will. Gott will sein Volk vor allem in der Kraft des Heiligen Geistes zur Einheit führen.

Wir alle wissen, daß es in unseren christlichen Kirchen viele Spaltungen gegeben hat. Der Heilige Geist ist aber jetzt am Werk, um allen christlichen Kirchen seinen Geist zu geben und sie zu erneuern. Die *Charismatische Erneuerung*, die heute in der katholischen Kirche einen immer größeren Platz einnimmt, wird auch von unseren protestantischen Brüdern angenommen. Manchmal kann man deshalb von Katholiken die Worte hören: „Na ja, ich mag eigentlich diese Charismatische Erneuerung nicht; sie kommt doch von den Protestanten." Andere wiederum glauben, die Erneuerung käme von den Vereinigten Staaten. Die Erneuerung kommt jedoch weder von den Protestanten, noch von den Vereinigten Staaten, noch von der katholischen Kirche; sie kommt einzig und allein vom *Heiligen Geist*. Er ist es, der den Glauben in der gesamten Kirche erneuern will.

Frucht des Vatikanischen Konzils

Der Materialismus hat versucht, uns in unserem christlichen Leben total einzuengen, und viele haben völlig auf die Bedeutung des Gebetes vergessen. Im Hinblick auf diese geistlichen Nöte hat uns das Konzil in seinem Dokument über die Kirche daran erinnert, daß Gott mit jedem Menschen einen Dialog der Liebe eröffnen will.

Darin, so sagen die Konzilsväter, zeigt sich die höchste Würde des Menschen. Der Heilige Geist erinnert uns nicht nur daran, daß wir wieder zum Gebet zurückfinden sollen, sondern er treibt uns geradezu zum Gebet.

Wir sehen, daß die Erneuerung innerhalb der katholischen Kirche, deren schüchterne Anfänge erst kurz zurückliegen, langsam zu einer wunderbaren Frucht des II. Vatikanischen Konzils heranreift.

Erinnern wir uns an die Zeit, in der sich die ersten Gebetsgruppen zusammengefunden haben. Es war im Februar 1967, als sich die Erneuerung zum ersten Mal in der Kirche zu regen begann. Man hat das alles etwas komisch gefunden. Auch bei unseren protestantischen Brüdern hat sich damals die Erneuerung in mehreren Gemeinden gezeigt. Doch in der katholischen Kirche, wo das pastorale Leben eine feste Struktur hat, war der Beginn schwieriger. Natürlich hat es auch in der katholischen Kirche immer schon Charismen gegeben. Ich denke hier vor allem an die Charismen, die jetzt bei uns immer mehr erneuert werden, wie z.B. das Gebet in Sprachen. Mit der Öffnung aber, die mit dem Vatikanum begann und bei der der Heilige Geist in vermehrtem Maß die Chance hatte, zu wirken, wurden auch die Charismen wieder neu entdeckt. Der Herr hatte mit uns Geduld und wollte nichts über das Knie brechen; so war der Beginn der Ausübung der Charismen sehr zaghaft. Eigentlich tendierten wir fast alle dazu, uns über die ganze Sache lustig zu machen. Auch von mir persönlich muß ich dies öffentlich bekennen. Am Anfang habe ich gern die *Charismatiker* belächelt; ich fand diese Leute einfach komisch. Ich dachte ungefähr so wie jener Priester, der einmal sagte: „Ich würde nicht sagen, daß alle Charismatiker verrückt sind, aber in

meiner Pfarre ist es so, daß alle Verrückten in die Charismatische Bewegung eingetreten sind."
Sie sehen also, ich war gar nicht richtig auf die Charismatische Erneuerung vorbereitet.

Persönliche Erfahrung

Im Juni 1973 bin ich an einer schweren Lungentuberkulose erkrankt. Ich war zu dieser Zeit schon 17 Jahre lang Missionar in der Dominikanischen Republik. Ich hatte so viel gearbeitet, daß meine Gesundheit ernsten Schaden genommen hatte. Der Herr ließ es zu, daß ich krank wurde. So mußte ich in meine Heimat gebracht werden. Ich kam mit einer schweren Lungentuberkulose zurück nach Kanada.

Die Ärzte verbrachten Tage damit, mich zu röntgenisieren und genauestens zu untersuchen. Sie kamen dann zu der Erkenntnis, daß ich vielleicht nach einem Jahr intensiver Behandlung im Krankenhaus wieder nach Hause zurückkehren könnte. Aber noch bevor die Ärzte mit der Behandlung beginnen konnten, erhielt ich Besuch von fünf Laien, die Mitglieder der Charismatischen Erneuerung waren. Sie sagten zu mir: „Pater, wir wollen jetzt für Sie beten, damit Sie bald wieder gesund nach Hause zurückkehren und Ihre Missionsarbeit aufnehmen können." Einer aus dieser Gruppe fragte mich: „Glauben Sie Pater, daß Jesus Sie heilen kann?" Als Priester und als Missionar wagte ich es nicht, nein zu sagen. In meinem Herzen aber glaubte ich eigentlich nicht ernstlich, daß der Herr so schnell handeln würde.

Die fünf hatten aber einen starken Glauben und sagten: „Wir werden Ihnen die Hände auflegen und für Sie beten." Als sie sagten, sie gehörten einer charismatischen Gruppe an, wollte ich am liebsten darüber lachen. Aus Anstand habe ich es aber nicht getan. Ich erinnere mich daran so, als ob es gestern gewesen wäre. Ich saß auf meinem Sessel, als sie mir die Hände auf den Kopf und auf die Schultern legten und zu beten begannen. Es waren drei Männer und zwei Frauen. Während des Gebetes war ich gar nicht bei der Sache und fragte, ob wir nicht die Türe schließen könnten. Ich wollte nämlich nicht, daß man über mich auch noch lache. Eine der Damen sagte: „Warum nicht, schließen wir die Türe!" Aber Jesus war schon eingetreten!

Die Brüder und Schwestern beteten weiter – und Jesus heilte mich, so daß kein weiteres Medikament mehr notwendig war. Nach drei, vier Tagen war ich vollkommen gesund. Die Ärzte verstanden von der ganzen Sache überhaupt nichts. Auch ich konnte ihnen nichts erklären, denn ich wußte damals noch nicht, was die Charismatische Erneuerung sei. So fingen die Untersuchungen wieder von vorne an, und man machte Röntgenaufnahmen. Doch jetzt zeigten sich im Röntgen zwei total gesunde Lungenflügel. Sie hatten Narben, waren aber vollkommen geheilt. Die alten Röntgenaufnahmen hatten noch die Tuberkulose und die verheerende Wirkung der Krankheit erkennen lassen. Jetzt aber zeigte sich, daß alles vollkommen vernarbt war. Der Arzt sagte mir, daß ich gesund wäre und nach Hause zurückgehen könne.

Was sich hier ereignet hatte, widersprach allen medizinischen Theorien. Ich fragte den Arzt, ob man bei meiner Heilung nicht von einem Wunder sprechen könne. Der Arzt erwiderte, daß er das zwar nicht so sagen würde, aber er könne ein Wunder auch nicht ausschließen. Das Geschehene liegt bereits siebzehn Jahre zurück, und ich kann wirklich behaupten, daß mich

Jesus total geheilt hat. Ich wurde überraschend schnell aus dem Spital entlassen.

Jetzt kam für mich der Moment, die Charismatische Erneuerung zu studieren. Mit meinem Provinzial kam ich überein, mir das Jahr, das ich im Spital hätte verbringen sollen, zu überlassen, um die Erneuerung studieren zu können. Heute noch danke ich dem Herrn von ganzem Herzen dafür, daß er es mir ermöglicht hat, diese wunderbare Charismatische Erneuerung kennenzulernen, für die ich heute arbeiten darf.

Nachdem ich solange in der Charismatischen Erneuerung wirken durfte, kann ich Ihnen versichern: Sie ist ein Geschenk! Ich kann dem Herrn für all das, was ich durch sie erleben durfte, nur danken.

Charismatische Erneuerung heute

Die Gebetsgruppen, die innerhalb der Charismatischen Erneuerung durch den Heiligen Geist erweckt werden, sind der bevorzugte Ort, an dem Charismen ausgeübt werden. Doch die Erneuerung besteht nicht nur aus Gebetsgruppen, sie ist mehr. Sie ist die Wiederentdeckung des machtvollen Wirkens des Heiligen Geistes. Dies zeigt sich im Leben des einzelnen und in der Kirche. Der Christ soll das Evangelium neu erleben und selbst evangelisieren. Die Charismen sind Gaben, die uns zum Dienst an der Evangelisation gegeben sind. Sie dienen dazu, die Kirche neu aufzubauen. Die Konzilsväter sagten: „Aus dem Empfang der Charismen, auch der schlichteren, erwächst jedem Glaubenden das Recht und die Pflicht, sie in Kirche und Welt zum Wohl der Menschen und zum Aufbau der Kirche zu gebrauchen." (Laienapostolat 3) Ich bin sicher, wenn man einen Pater Emiliano ohne Charismen nach Linz eingeladen hätte, dann wären wahrscheinlich nicht einmal 100 Leute ge-kommen. Nur wegen der Charismen, die mir der Herr geschenkt hat, konnte ich in all den Kirchen Deutsch-lands und Österreichs, in denen ich in letzter Zeit ge-predigt habe, so viele Menschen sehen.

Das zeigt, daß wir auf der Schwelle zu einer neuen Phase der Evangelisierung stehen, die ganz hervorra-gend sein wird. Wir müssen natürlich bereit sein, die Charismen, die uns der Heilige Geist schenkt, auch wirklich auszuüben.

Bisher haben wir von der Charismatischen Erneuerung noch nicht viel gesehen, denn der Aufbruch beginnt ja erst. Es ist bemerkenswert: Diese Erneuerung, die so zaghaft in der katholischen Kirche begonnen hat, ist heute eine wirkliche pastorale Realität – und das schon in 130 Ländern. Aber auch in der protestantischen Kir-che zeigt sich jetzt diese Öffnung, dieses Offenbarwer-den der Charismen des Heiligen Geistes. Nach Schät-zungen gibt es allein in der katholischen Kirche 62 Millionen Christen, die der Charismatischen Gemeinde-erneuerung angehören. Vor wenigen Jahren waren es erst 35 Millionen. Bald darauf waren es 50 Millionen, und jetzt sind es etwa 62 Millionen Katholiken, die sich der Charismatischen Erneuerung angeschlossen haben. Und die Charismatische Erneuerung wächst weiter.

Wenn man diese Entwicklung nicht ernst nimmt, könnte dies für die katholische Kirche sehr bedenklich werden.

Die Charismatische Erneuerung ist, wie ihr ja wißt, keine apostolische Bewegung. Sie ist eine Erneuerung des Glaubens, eine spirituelle Erneuerung. Diese Er-neuerung gilt nicht nur den Laien, sondern vielleicht noch mehr den Priestern, den Ordensschwestern und Bischöfen.

In Kolumbien haben wir im vergangenen Jahr Besinnungstage für 119 Bischöfe gehalten. Eine Woche lang haben sie an diesen Vertiefungstagen teilgenommen, die vor allem in theoretischer, ideologischer Hinsicht konzipiert waren. Die Bischöfe jedoch wollten bei dieser Einkehr vom Leben im Heiligen Geist erfahren. So stand dieses Thema im Mittelpunkt. Ja, so wunderbar verändern sich die Dinge.

Bei mir zu Hause

Bei mir zu Hause hatte zu Beginn der Erneuerung ein Bischof große Befürchtungen und Ängste hinsichtlich der Erneuerung. Eines Tages hielt er im Freien eine Eucharistiefeier, bei der sehr viele Menschen anwesend waren. Wir luden den Bischof ein, eine Abschlußmesse zu zelebriern. Als der Bischof vor dieser großen Menge von Gläubigen die Messe beginnen wollte, fiel plötzlich das Mikrophon aus. Der Sakristan versuchte verzweifelt und ganz nervös, die Drähte zu reparieren, damit es wieder funktioniere. Da sagte der Bischof vor der Menge: „Ich glaube, daß wir mit dem Mikrophon Probleme haben." Die Menge antwortete: „Und mit deinem Geiste!" Die Menschen hatten nämlich gedacht, der Bischof würde schon die Messe beginnen. Diese Antwort war aber eine Antwort der göttlichen Weisheit. Damals hatten wir wirklich Probleme mit seinem Geist – inzwischen aber haben wir keine mehr. Heute ermutigt uns dieser Bischof außerordentlich.

In der Dominikanischen Republik gibt es bei 6 Millionen Einwohnern bereits 2500 Gebetsgruppen der Erneuerung und ihre Zahl wächst laufend weiter. Die Gebetsgruppen bestehen oft nur aus 15 - 20 Personen. Diese Gruppen treffen sich drei Wochen hindurch in

Privathäusern. Einmal im Monat findet für alle Gruppen ein Treffen in der Kirche statt. Dadurch wird die Einheit unter den Gruppen gestärkt. Eine große Rolle spielt bei jedem Treffen die *geistliche Lehre*. Jeweils eine halbe Stunde ist der *Evangelisation* und dem *Bibelstudium* gewidmet. Auf diese Weise werden unsere Gruppen auch selbst zu evangelistischen Gruppen. Die Früchte, die diese Gruppen ernten, sind groß, denn sie beten und evangelisieren.

Auf diese Weise erreicht es der Heilige Geist, daß wirklich brüderliche Gruppen entstehen. In unserer Zeit, in der der Individualismus vorherrscht, achtet der Heilige Geist sehr darauf, echte Gemeinschaften zu schaffen. Ich werde darauf noch zurückkommen.

Erneuerung des Gebetes

Die Charismatische Erneuerung ist in erster Linie eine Glaubenserneuerung. Um sie zu bewirken, erneuert der Heilige Geist vor allem unsere *Freude am Gebet.*

In vielen Häusern wurde nicht mehr gebetet. Wenn das Volk Gottes aber das Gebet aufgibt, dann erkaltet der Glaube, er stirbt sogar. Wenn das Gottesvolk zum Gebet zurückfindet, dann wächst sein Glaube, und es hat das Bedürfnis, seinen Glauben an andere weiterzugeben. Da setzt bereits die Evangelisation ein. Evangelisieren heißt ja nicht nur, in einer großen Kathedrale zu predigen. Nein, jedesmal wenn du Zeugnis von dem gibst, was Gott in deinem Leben getan hat, dann evangelisierst du bereits und bekräftigst du die Tatsache, daß Jesus lebt.

In den Gebetsgruppen, die entstehen, schafft der Heilige Geist neue brüderliche Gemeinschaften wie zur Zeit der Urkirche.

Durch Gebet erneuern wir auch unser Taufversprechen und unser Engagement für Gott. Daher werden in den Gebetsgruppen auch immer wieder Seminare im Heiligen Geist angeboten, wo wir unser Taufversprechen erneuern.

In diesen Gruppen schenkt der Heilige Geist auch Charismen, Gaben zum Dienste an der Gemeinschaft. So werden viele zur Übung der Nächstenliebe befähigt. Das ist es, was wir unter *Charismatischer Erneuerung* verstehen.

In den Gebetsgruppen werden auch immer wieder Seminare für das *Leben-im-Heiligen-Geist* angeboten, wo wir unser Taufversprechen und unser Engagement für Gott erneuern können.

Diese Gruppen sind vor allem auch der Ort, wo der Heilige Geist Charismen – Gaben zum Dienst an der Gemeinschaft – schenkt. Auf diese Weise leben wir die Liebe, und praktizieren wir die Nächstenliebe.

2. Erneuerter Glaube

Ein neuer Aufbruch

Die Charismatische Erneuerung in der katholischen Kirche hat bisher drei Etappen durchgemacht. Ehe sich die Charismen in der katholischen Kirche bemerkbar machten, sind sie, wie ich schon anfangs erwähnte, in den protestantischen Kirchen sichtbar geworden. Wahrscheinlich waren wir in der katholischen Kirche nicht offen genug, die Charismen anzunehmen. Die Strukturen waren so eng, daß es schwirieg war, den Heiligen Geist aufbrechen zu lassen. Aber mit dem zweiten Vatikanischen Konzil kam eine große Öffnung in die katholische Kirche. Das Konzil, das unter Papst Paul VI. am 8. Dezember 1985 zu Ende ging, hat der Kirche sechzehn wunderbare Dokumente geschenkt. Nun begannen wir zu leben, was die liturgische Erneuerung ermöglichte. Sie erinnern sich, wie die Eucharistiefeier vor dem Konzil so ganz anders war. Damals las der Priester die Heilige Messe mit dem Rücken zum Volk, und die Kirchensprache war noch Latein.

Die biblische Erneuerung, die schon vor dem Konzil begonnen hat, wurde durch das Konzil gefördert, und viele von uns haben eine Erneuerung im religiösen Leben und des Laienapostolates erlebt. Seither suchen wir immer wieder neue Wege, um die Pastoral zu erneuern.

Etappe der Kindheit

Plötzlich geschah aber etwas Neues! Zuerst schenkte uns der Heilige Geist eine Erneuerung des Gebetes. Diese konnte nicht durch Dokumente geschehen, sie war eine Gnade, ein Geschenk Gottes an die Kirche. Im Februar 1967 haben sich an der Universität von Pittsburgh in den Vereinigten Staaten kleine Gebetsgruppen zusammengetan. Diese Gruppen eroberten von dort die Universität *Notre Dame* (Unsere liebe Frau) und breiteten sich in der Folge über Amerika, Kanada und die ganze Welt aus. Das war die erste Etappe der Charismatischen Erneuerung in der katholischen Kirche. Es war die Etappe der Kindheit und der Überraschungen.

Wir waren erstaunt, als wir hörten, daß es in den Gebetsgruppen Menschen gab, die in fremden Sprachen beteten. Einige glaubten nicht an diese Erneuerung des Pfingstgeistes und kritisierten das Geschenk des Sprachengebetes. Es gab Priester und sehr gute Theologen, die die Charismatische Erneuerung nicht verstanden. Einer der Theologen sagte eines Tages in einem Rundfunkinterview: „Sie sprechen in fremden Sprachen, weil es ihnen an Vitaminen fehlt." Der Theologe selbst schämte sich, in fremden Sprachen zu sprechen. Ich aber freute mich und ermutigte die Gebetsgruppen: „Sprecht weiter in fremden Sprachen, und wir werden diesem Priester beweisen, daß es uns nicht an Vitaminen fehlt." Seither haben sich die Gebetsgruppen so vermehrt, daß heute niemand mehr sagt, es fehle uns an Vitaminen. Wirklich, diese erste Etappe der Charismatischen Erneuerung war eine Etappe der Überraschungen.

Die Gruppen wurden immer zahlreicher, so daß die Kirche auf sie aufmerksam geworden war. Sie beobachtete, was nun geschah. Es gab Bischöfe, die uns Mut machten und andere, die vor dieser Entwicklung Angst hatten. Die Kirche war während dieser ersten Etappe in einer abwartenden Haltung und wollte sehen, welche

Früchte der *Charismatische Baum* hervorbringen würde, wie sich der Heilige Geist auswirken würde.

Etappe der Jugend

Es kam der Pfingstmontag des Jahres 1975. An diesem Tag – es waren 10.000 Menschen aus der Charismatischen Erneuerung im Petersdom in Rom versammelt – gab Papst Paul VI. zum ersten Mal eine klare Stellungnahme über die Charismatische Erneuerung ab. Papst Paul VI. sagte, daß diese Charismatische Erneuerung eine große Chance für die Kirche und für die Welt sei und gab ihr ganz offiziell ihren Platz in der Kirche.

Nun begann die zweite Etappe der Charismatischen Erneuerung, die Jugendetappe. Mit der Bestätigung durch Papst Paul VI. hatten wir in der Kirche sozusagen *grünes Licht*, und die charismatischen Gruppen verbreiteten sich und wuchsen in der ganzen Welt. Viele dieser charismatischen Gruppen haben anderen Gebets- und Evangelisationgruppen großen Antrieb gegeben. Manche von ihnen evangelisieren mit außergewöhnlicher Dynamik.

Auf meinen Reisen durch die ganze Welt konnte ich sehen, welches Geschenk Gottes an die Welt diese Gemeinschaften sind. Ich habe in 56 Ländern gepredigt und konnte beobachten, wie diese Gruppen mit viel Dynamik der Kirche dienen. Es gibt Gemeinschaften, die hauptsächlich über Fernsehen und Radio oder an Wochenenden evanglisieren. Andere Gruppen kümmern sich um die Kranken oder um Menschen, die am Rande der Gesellschaft stehen. Der Heilige Geist wirkt eben verschieden in der Kirche, weshalb es auch Gemeinschaften mit verschiedenen Charismen gibt. Derzeit entstehen viele Laiengemeinschaften innerhalb der Charismatischen Erneuerung, die alle ihre Charismen vollständig zur Verfügung stellen. Das ist eine große Hoffnung für die Kirche.

Diese zweite Etappe, die im Jahre 1975 begonnen hat, war also von Wachstum gekennzeichnet. Es haben sich nicht nur neue Gemeinschaften gebildet, sondern es sind auch viele Gebetsgruppen neu entstanden. In Korea allein gibt es 10.000 charismatische Gebetsgruppen; in Südamerika verhundertfachen sie sich; genauso in Europa. Diese Gemeinschaften sind wirklich vom Heiligen Geist bewegt und helfen, Kirche aufzubauen.

Etappe der Evangelisation

Wir kommen zur dritten Etappe der Charismatischen Erneuerung. Diese dritte Etappe hat im Jahre 1987 begonnen. In diesem Jahr war die Charismatische Erneuerung zwanzig Jahre alt und hat das Erwachsenenalter erreicht. Wir merken, daß die dritte Etappe immer mehr eine Etappe der Evangelisation wird. Wir verstehen, daß der Heilige Geist für seine Kirche eine Etappe der mächtigen Evangelisierung vorbereitet. Viele Priester und Ordensgeistliche, aber auch viele Laien halten Seminare. Seit der Synode über das Laienapostolat werden sich immer mehr Laien bewußt, daß die Evangelisierung nicht allein Aufgabe der Priester, sondern auch der Laien ist.

Natürlich begleite auch ich als Priester eine charismatische Gruppe. Es ist eine Gemeinschaft, die sich: *Diener des lebendigen Christus* nennt. Einige Laien halfen mir, Seminare zu halten, bis wir im Jahr 1982 durch das Gebet dahin geführt wurden, eine Gemeinschaft zu gründen, die der Evangelisation dienen soll. Die Laien bleiben zwar in ihren Familien, aber sie nehmen am Leben der Gemeinschaft teil. Sie kommen zum Gebet, zur Weiterbildung und vor allem zum Studium der Bibel in die Gemeinschaft, um sich dort auf die Evangelisation vorzubereiten. Die Gemeinschaft hat zur Zeit 120 Mitglieder und fünf Gemeinschaftshäuser. Unser aller Zentrum ist die Eucharistie. In allen fünf Häusern halten wir von morgens bis abends Anbetung. Unsere Gemeinschaft ist vor allem eine Gemeinschaft der Anbetung. Aber nicht nur die Mitglieder der Gruppe beten das Allerheiligste Sakrament an, die Anbetungskapellen in unseren fünf Häusern sind vielmehr für jedermann offen. Und da wir eine immerwährende Anbetung halten, verlassen die Mitglieder der Gruppe ihre Arbeit, wenn es an Betern fehlt.

Wenn wir Jesus angebetet haben, tragen wir die Botschaft, daß ER lebt, hinaus und erzählen von den Wundern Jesu. Diese Laien – Menschen wie ihr – evangelisieren nicht nur in ihrer Pfarre, sondern, sie sind auch in die Vereinigten Staaten, nach Kanada und sogar nach Italien gekommen. Diese Laien haben keine theologischen Kurse absolviert, aber sie haben Jesus persönlich erfahren und wollen davon Zeugnis geben.

Natürlich werden diese Laien laufend weitergebildet. Einige von ihnen haben auch das Charisma der Heilung erhalten, und es geschehen wunderbare Dinge in den Versammlungen. Anderen unter ihnen schenkte der Herr das Wort der Erkenntnis als Charisma, und sie stellen es in den Dienst der Evangelisierung. Zusätzlich zu ihrem Dienst an den Wochenenden, den sie in den Pfarren ausüben, ist diese Gemeinschaft mit einer täglichen Evangelisation im Fernsehen betraut. Täglich bringen fünf Fernsehstationen zehn Minuten lang Sendungen im Dienst der Evangelisation. Über das Fernsehen werden natürlich sehr viele Menschen erreicht. Der Herr lädt uns immer wieder ein, auch moderne Kommunikationsmittel, Bild und Ton, in Anspruch zu nehmen und das Fernsehen nicht nur denen zu überlassen, die Pornographie oder Irrtümer verbreiten. Auch das Fernsehen soll ein Mittel der Evangelisation sein. Ferner evangelisiert diese Laiengruppe auch durch die sogenannten *Leben-im-Heiligen-Geist-Seminare.* Wie wichtig dies ist, werden wir heute nachmittag erfahren. Das Ziel dieser Seminare ist die *Taufe im Heiligen Geist*, die Ausgießung des Heiligen Geistes.

Die Welt brennt, und sie braucht Menschen, die diesen Brand löschen! Wir müssen die Gute Nachricht vom Heil Jesu verbreiten. Bevor wir aber evangelisieren können, müssen wir ein Leben des Gebetes führen. Besinnen wir uns immer wieder auf die Wichtigkeit des Gebetes. Wer evangelisieren will, aber nicht betet, wäre wie ein Feuerwehrmann, der Feuer ohne Wasser löschen will. Wenn ich nicht bete, dann kann ich nicht evangelisieren! Jesus sagt: „Ohne mich könnt ihr nichts tun." Deshalb schenkt uns Jesus den Heiligen Geist, der unser Gebet erneuert und uns zur Evangelisation drängt.

Der Herr schenkt uns mächtige Zeichen, damit wir die Wichtigkeit des Gebetes wiederentdecken. Schauen wir nur, was gegenwärtig in den Ländern des Ostens geschieht! Wir sehen schon jetzt die Früchte des Gebetes! Diese Veränderungen sind nicht die Frucht der Diplomatie, sondern vielmehr eine Überraschung für unsere Diplomaten! Es sind die Früchte des Gebetes, daß so viele Vorurteile und die Mauern von Berlin – wie einst die Mauern von Jericho – gefallen sind.

Die Mutter Gottes hat uns in Medjugorje gebeten, für den Frieden zu beten und zu fasten. Seither tun das auch Tausende von Gläubigen, und wir sehen bereits wunderbare Früchte! Vor vier Tagen hat die russische Regierung die religiöse Freiheit proklamiert. Wer hätte das vor einem Jahr zu träumen gewagt? Vor unseren Augen verwirklicht sich die prophetische Aussage der Heiligen Jungfrau in Fatima: Rußland wird sich bekehren! Im April 1991 werde ich mit einer Gruppe der Gemeinschaft Emmanuel aus Holland in Moskau auf dem Roten Platz predigen. Wir werden dort verkünden, daß Jesus lebt!

Mit dem Gesagten wollte ich Ihnen kurz die drei Etappen der Charismatischen Gemeindeerneuerung aufzeigen. Diese Entwicklung war weder von der Kirche, noch von Pastoralkommissionen geplant; sie ist eine Frucht des Zweiten Vatikanischen Konzils! Sie ist, wie Kardinal Ratzinger in seinem Buch *Zur Lage des Glaubens* schreibt, *„ein Geschenk Gottes an die Kirche von heute"*.

Die Erneuerung des Gebetes

Der Herr ruft uns zu einer Erneuerung des Gebetes. Mit der Ausgießung des Heiligen Geistes erhalten wir wieder Freude am Gebet und erfahren die Süßigkeit des Wortes Gottes! Der Heilige Geist vereinigt uns in kleinen Gebetsgruppen, die zu brüderlichen Gemeinschaften heranwachsen. Diesen Gebetsgruppen schenkt er Charismen. Die Charismen sind Gaben zum Dienst, durch die diese Gruppen stark werden und evangelisieren wollen. Die Charismen begleiten sozusagen die Evangelisation. Das erleben wir gerade jetzt. Sie können sicher sein, daß sich die Charismatische Gemeindeerneuerung über die ganze Welt weiter und weiter ausbreiten wird. Der Heilige Geist wird die Kirche erneuern, mit oder ohne uns! Es gibt niemanden, der die Kraft des Heiligen Geistes bremsen kann!

Vor kurzem hat jemand gesagt, wenn man dem Heiligen Geist ein Vorhängschloß vorhängen wollte, dann wird er durch das Schlüsselloch durchkommen. Es ist sicher, daß der Heilige Geist sein Werk weiter fortführen wird, denn er ist die Seele der Kirche! Papst Paul VI. hat gesagt, die Charismatische Erneuerung ist keine Verpflichtung, sondern eine Chance für die Kirche. Nützen wir also diese Chance! Lassen wir uns durch den Heiligen Geist erneuern! Lassen wir den Heiligen Geist unseren Glauben erneuern!

Ich möchte ihnen noch einmal aus dem zweiten Brief an die Korinther vorlesen: „Wenn also jemand in Christus ist, dann ist er eine neue Schöpfung: Das Alte ist vergangen, Neues ist geworden. Aber das alles kommt von Gott, der uns durch Christus mit sich versöhnt und uns den Dienst der Versöhnung aufgetragen hat." (2 Kor 5,17) Im Vers 20 sagt der Heilige Paulus: „Wir sind also Gesandte an Christi Statt, und Gott ist es, der uns durch uns mahnt. Wir bitten an Christi Statt: Laßt euch mit Gott versöhnen!"

Lassen wir uns mit Gott versöhnen, und lassen wir unseren Glauben vom Heiligen Geist erneuern! Wir werden ein Volk des Lobpreises sein! Diejenigen, die meinten, den Glauben im Volk auslöschen zu können, zittern, denn Jesus hat gesagt: „Ich werde bei euch sein bis zum Ende!" Jesus ist da, und er zeigt sich in vielfältiger Weise. Nehmen wir ihn an mit Freude!

3. Erneuertes Leben

Ihr werdet den Heiligen Geist empfangen

Denken wir nun über eines der großen Geschenke nach, das der Herr seiner Kirche gegeben hat und das man Geisterneuerung nennt. In der Apostelgeschichte wird berichtet, wie Jesus, bevor er in den Himmel aufgenommen wurde, den Aposteln folgende Verheißung gegeben hat: „Geht nicht weg von Jerusalem, denn ihr werdet schon in wenigen Tagen mit dem Heiligen Geist getauft." (vgl. Apg 1,4-5)

Zunächst verstanden die Apostel gar nicht, was Jesus damit sagen wollte. Sie waren wohl auch in politischem Denken befangen und glaubten daran, daß Jerusalem wiedererstehen würde, und zwar politisch. Aber ER hat ganz unmißverständlich gesagt, darum ginge es nicht.

Im ersten Kapitel der Apostelgeschichte Vers 8 lesen wir folgendes Wort: „Aber ihr werdet die Kraft des Heiligen Geistes empfangen, der auf euch herabkommen wird; und ihr werdet meine Zeugen sein in Jerusalem und in ganz Judäa und Samarien und bis an die Grenzen der Erde." Der Heilige Geist ist gerade ein Spezialist dafür, Zeugen zu finden. Denn Jesus sagt: „Ihr werdet den Geist empfangen und dann meine Zeugen sein."

Es ist bekannt, wie sich die Apostel, zusammen mit Maria, im Obergemach in Jerusalem versammelt haben. Neun Tage hindurch beteten sie, damit sich die Verheißung Jesu erfülle. Es war die erste Gebetsnovene überhaupt. Von daher stammt die Gewohnheit, Novenen zu beten, um dadurch vom Herrn etwas zu erlangen. Und am zehnten Tage, das war genau zu Pfingsten, ging die Verheißung des Herrn in Erfüllung. Doch

Pfingsten ist keineswegs ein Fest, das vergangen ist. Vielmehr ist Pfingsten ein immerwährendes Fest. Es ist das aktuellste aller Feste der Geschichte.

Am Pfingsttag also kam der Heilige Geist über die Apostel herab in Form von feurigen Zungen. Der Heilige Geist ist Geist und hat an sich keine Gestalt; er nimmt aber die Gestalt jener Mission an, die er ausführen will. Bei der Taufe Jesu im Jordan nahm er die Gestalt einer Taube an, beim Pfingstfest jene von feurigen Zungen. Über jeden der Apostel bildete sich eine feurige Zunge.

Warum gerade eine Zunge? – Deshalb, weil sie Zeugnis geben sollen.

Warum aus Feuer? – Damit mit Glaubensglut bezeugt wird.

Erfüllt vom Heiligen Geist, zogen dann die Apostel von Jerusalem fort, um mit wirklicher Kühnheit zu bezeugen, daß Jesus der Auferstandene ist und lebt.

Als der Heilige Petrus seine erste Predigt hielt, war sie erfüllt vom Heiligen Geist. Durch eine einzige vom Heiligen Geist erfüllte Predigt erreichte er die Bekehrung von 3.000 Menschen. Wenn wir hingegen ohne Heiligen Geist 3.000 Predigten halten, so wird sich niemand bekehren. Darin liegt eben der Unterschied!

Ihr habt Anspruch auf die Ausgießung des Heiligen Geistes

Die Kirche von heute hat die Ausgießung des Heiligen Geistes mehr als nötig. Wir wissen, daß die Menschen zur Zeit der Apostel wirklich tief im Herzen von der Predigt des Heiligen Petrus getroffen wurden und fragten: „Was sollen wir jetzt tun?" Petrus sagte: „Kehrt um, und jeder von euch lasse sich auf den Namen Jesu Christi taufen zur Vergebung seiner Sünden; dann werdet ihr die Gabe des Heiligen Geist empfangen. Denn euch und euren Kindern gilt die Verheißung und all denen in der Ferne, die der Herr, unser Gott, herbeirufen wird." (Apg 2,38-40)

Liebe Brüder und Schwestern, die Verheißung gilt auch euch! Ihr alle habt Anspruch auf diese Geistausgießung. In der Erneuerung ist es uns klar, wie wichtig es ist, immer wieder um diese Ausgießung des Heiligen Geistes zu bitten. Darüber vor allem möchte ich sprechen. Manche nennen sie auch Geisttaufe oder Geisterneuerung. Entscheidend ist die geistige Erfahrung, die wir mit dieser Geistausgießung machen, und daß wir uns vom Heiligen Geist leiten lassen.

Im Johannesevangelium wird zweimal davon berichtet, daß Jesus laut gerufen habe. Im Johannesevangelium Kapitel 7 Vers 37 heißt es: „Am letzten Tag des Festes, dem großen Tag, stellte sich Jesus hin und rief: Wer Durst hat, komme zu mir, und es trinke, wer an mich glaubt. Wie die Schrift sagt: Aus seinem Inneren werden Ströme von lebendigem Wasser fließen". Und dann heißt es an dieser Stelle ganz eindeutig: „Damit meinte er den Geist, den alle empfangen sollten, die an ihn glauben; denn der Geist war noch nicht gegeben, weil Jesus noch nicht verherrlicht war."

Das zweite Mal, als Jesus laut schrie, war es am Kreuz. Und es war ebenfalls am Kreuz, als er sagte, er habe Durst.

Das erste Mal also sagte er: Wenn jemand Durst hat, komme er zu mir! Damit gibt er uns ganz klar den Weg an, den wir gehen müssen:

Der *erste Schritt* besteht darin, Durst nach Gott zu haben; das Bedürfnis zu spüren, von Gott erfüllt zu sein.

Wer den *zweiten Schritt* tun will, muß auf Jesus zugehen, denn Jesus sagt: Kommt zu mir! Es ist eben Jesus, der diese Taufe im Geist vollzieht. Johannes der Täufer weist ja auch darauf hin, daß es Jesus ist, der im Heiligen Geist tauft.

Als *dritten Schritt* lädt uns Jesus ein, zu trinken. Das erinnert uns an die Samariterin am Jakobsbrunnen. Als ihr Jesus antwortet: „Wenn du wüßtest, worin die Gabe Gottes besteht und wer es ist, der zu dir sagt: Gib mir zu trinken!, dann hättest du ihn gebeten, und er hätte dir lebendiges Wasser gegeben. Und sie sagte zu ihm: Herr, du hast kein Schöpfgefäß, und der Brunnen ist tief; woher hast du also das lebendige Wasser?" (Joh 4,10)

Der letzte und *vierte Schritt* schließlich, um die Geistesgaben zu erlangen, erfordert den Glauben an Jesus. Jesus sagt: „... es trinke, wer an mich glaubt."

HALTEN WIR ALSO DIESE *VIER SCHRITTE* FEST, DIE ES ZU TUN GILT:

 1. Habe Durst nach Gott!
 2. Gehe auf Jesus zu!
 3. Trinke und lasse dich vom Heiligen Geist erfüllen!
 4. Glaube an Jesus!

Wer dies tut, aus dessen Innerem werden Ströme lebendigen Wassers fließen, wie Jesus selbst sagt.

Noch einmal verweise ich auf die Wichtigkeit, Jesus darum zu bitten, uns mit dem Heiligen Geist zu erfüllen. Natürlich haben wir den Heiligen Geist schon in der Taufe erhalten. Dadurch werden wir Kinder Gottes, lebendige Tempel des Heiligen Geistes, Erben des Himmels. Aber darüber hinaus müssen wir den Heiligen Geist darum bitten, daß er die Führung über unser ganzes Leben übernimmt. Seit Jahrhunderten singen wir in der Kirche: *Veni creator spiritus!* Das Wunderbare unseres Lebens liegt ja nicht nur in dem Geheimnis, daß wir Tempel des Heiligen Geistes sind, sondern es besteht vor allem darin, daß der Heilige Geist auch die Führung und Kontrolle in unserem Leben übernimmt. Dies kann geschehen, wenn wir Jesus unser gesamtes Leben übergeben und ihn als unseren Herrn annehmen. Der Heilige Geist achtet aber auch nach dieser *Lebensübergabe* unsere Freiheit, so wie es bei Paulus in 1 Kor 14,32 heißt: „Die Äußerung prophetischer Eingebung ist nämlich dem Willen der Propheten unterworfen." Der Geist der Propheten gehorcht dem Propheten. Der Heilige Geist, der in den Propheten wohnt, zwingt sie nicht dazu, prophetisch zu reden, sondern er respektiert ihre Freiheit.

Der Heilige Geist wird euch führen

Wenn wir um die Führung durch den Heiligen Geist beten, dann kann er in uns Wunder vollbringen, die wir uns nie in unserem Leben hätten träumen lassen. Wenn wir ihm die Führung in unserem Leben ergreifen lassen, dann übernimmt er auch die Führung unserer Zunge und unseres Mundes, und wir können in Sprachen reden. Er kann uns aber auch ein prophetisches Wort eingeben.

Ein derart prophetisches Wort habe ich am 6. Mai 1981 in Rom erhalten. Niemals werde ich das vergessen: Im großen Konferenzzentrum *Domus Pacis* in Rom fand eine Internationale Konferenz der Charismatischen Erneuerung statt. Jugoslawische Brüder baten uns, für die

Kirche in ihrem Land zu beten. Pater Tomislav sprach von der geknechteten Kirche in seiner Heimat. Schließlich sagte er: „Ich bitte euch, mir die Hände aufzulegen und für die Kirche meines Landes, die so krank ist, zu beten." So fingen wir an, für alle zu beten, die in der Kirche Jugoslawiens Verantwortung tragen. Wir waren etwa 15 Leute. Nach dem Gebet sangen wir in Sprachen. Plötzlich erhielt ich in meinem Herzen ein prophetisches Wort, ein Wort, das mich mit aller Macht überkam. Es lautete: „Fürchtet nichts! Ich werde euch meine Mutter senden."

Einen Monat nach diesem Ereignis, am 24. Juni 1981, begannen die Marienerscheinungen in Medjugorje. Der Erzbischof von Split, Monsignore Franic, sagte zu mir: „In vier Jahren hat Medjugorje mehr für das religiöse Leben gebracht, als vierzig Jahre herkömmlicher Seelsorge. Es ist jetzt alles völlig anders geworden."

Im Jahre 1984 bin ich selbst nach Medjugorje gefahren, um dort zu predigen. Damals war das noch sehr schwierig. Am ersten Abend meiner Anwesenheit waren etwa 3.000 Menschen versammelt, und wir beteten für die Kranken. Da der Herr schon an diesem Abend einige Kranke heilte, kamen am nächsten Abend doppelt soviele Menschen. Die Geheilten bezeugten ganz offen, was ihnen an Heilung geschenkt worden war. Und da sich die Frauen in Jugoslawien genau so wie hier in Österreich auch des Telefons bedienen, haben sie natürlich all ihre Freunde über die Heilungen informiert.

Am dritten Abend versammelten sich bereits 14.000 Menschen. Ich allerdings war nicht mehr darunter. Am Nachmittag dieses Tages war ich nämlich verhaftet worden, und am Abend befand ich mich bereits im Gefängnis. Die Anklage gegen mich lautete: Ich störe den Frieden in Jugoslawien. Durch den Heilungdienst stört man nämlich den Frieden derer, die nicht an Gott glauben. So wanderte ich eben ins Gefängnis und wurde hintereinander drei Verhören unterzogen. Um fünf Uhr nachmittag, es war sehr heiß, bat ich um ein Glas Wasser. Der Polizist jedoch antwortete, es gäbe kein Glas. Ich sage den Menschen seither immer wieder: Ein kommunistisches Gefängnis ist viel schlimmer als jedes andere Gefängnis. Das Fasten dort ist viel schlimmer als das Fasten, wie es die Heilige Jungfrau empfiehlt. Maria empfiehlt in Medjugorje das Fasten bei Brot und Wasser – ich aber bekam nicht einmal Wasser. Am nächsten Tag wurde ich des Landes verwiesen. Mir wurde gedroht, daß ich wieder ins Gefängnis käme, wenn ich nicht bis 22 Uhr außer Landes wäre. Was sollte ich tun, wenn ich im Flugzeug keinen Platz bekäme? Was dann? So nahm ich ein Taxi nach Nordjugoslawien, und von dort ging es mit einem Boot nach Italien. Dann dankte ich dem Herrn, daß ich wieder frei war.

Was ich aber wirklich toll finde, ist, daß die Heilige Jungfrau jeden Tag nach Jugoslawien kommen konnte und kann, und zwar ohne Paß, ohne Visum und ohne eingesperrt zu werden.

Seit damals haben sich die Dinge einschneidend verändert. Ich habe heuer wieder in Yugoslawien, in Lublijana, Besinnungstage gehalten. Im Stadion waren 14.000 Menschen versammelt. Es war genau die gleiche Zahl wie damals vor 6 Jahren bei der Messe in Medjugorje.

Diesmal aber hat man uns nicht eingesperrt! Im Gegenteil, der Bürgermeister selbst hat mich willkommen geheißen. Während der Schlußmesse in Lublijana, die der Erzbischof feierte, zeigte der Herr seine Macht und

Herrlichkeit, indem er mehrere Kranke heilte. Als der Erzbischof die vielen Menschen und dazu all die Kranken in ihren Rollstühlen sah, sagte er zu den Jesuitenpatres, die das Treffen organisiert hatten: „Wenn es jetzt zu keiner Heilung kommt, werden diese Menschen enttäuscht sein." Ein Pater antwortete: „Fürchte dich nicht, es gibt immer Heilungen!" Tatsächlich kam nach der Kommunion und dem Gebet für die Kranken eine Dame nach vorne, die Jahre hindurch nur beschwerlich mit Krücken gehen konnte. Sie ließ ihre Krücken zurück und ging ganz aufrecht und mühelos zum Altar. Gerade sie war dem Erzbischof sehr gut bekannt. Nun sah er, wie sie auf ihn zukam und vor dem Mikrophon Gott pries. Auch ein Herr ging flotten Schrittes nach vorne. Die Leute applaudierten, und schon kam ein dritter, der von der gleichen Krankheit geheilt worden war. Kurz darauf erhob sich eine Frau aus dem Rollstuhl und ging ohne Schwierigkeiten nach vorne. Letzten Endes hatten sechs Menschen ihre Krücken und Rollstühle zurückgelassen, und alle lobten den Herrn, so wie jene Geheilten, von denen das Evangelium berichtet.

Früchte der Geistausgießung

Wir empfangen vom Heiligen Geist besondere Gaben, um eine geistliche Gemeinschaft aufzubauen. Aber wir müssen dem Heiligen Geist auch die Freiheit geben, uns mit diesen Gaben zu erfüllen. Nachdem wir Jesus als höchste Autorität in unserem Leben angenommen haben, bitten wir IHN, der Heilige Geist möge uns so erfüllen, daß er die Kontrolle und Führung in unserem Leben übernimmt. Wir bitten Jesus um die Ausgießung des Heiligen Geistes.

Eine der ersten Früchte der Geistausgießung ist eine *neue Freude am Gebet*. Ich weiß, daß viele von Ihnen bereits diese Ausgießung erfahren haben und dies bezeugen können. Der Heilige Geist ist ja ein Geist des Lobpreises und der Anbetung; er drängt uns zum Lobpreis und zur Anbetung. Er läßt uns das Wort Gottes in der Heiligen Schrift auskosten. Viele, die um die Geistausgießung gebetet haben, haben begonnen, die *Bibel* mit neuer Begeisterung zu lesen. Nach und nach schenkt der Heilige Geist auch *Charismen*. Natürlich gibt er nicht jedem das gleiche Charisma. Aber alle Charismen, die wir erhalten, sollen dazu dienen, um Gemeinschaft aufzubauen. Wenn wir in unserem apostolischen Dienst Charismen einsetzen, werden wir viele konkrete Resultate sehen. Je mehr wir Evangelisation mit den Charismen des Heiligen Geistes betreiben, umso mächtiger wird sie sein. Ohne die Charismen wird Evangelisation bloß etwas Intellektuelles bleiben, aber keine wirklich nachhaltige Wirkung zeigen.

Natürlich ist es sehr schwer, genau zu erklären, was Geistausgießung eigentlich ist – dieses Eintauchen in den Heiligen Geist, das sich vollzieht, wenn wir Jesus bitten, uns im Heiligen Geist zu taufen. Noch keinem Theologen ist eine Definition gelungen, denn diese Ausgießung ist letztlich eine ganz persönliche geistliche Erfahrung. Sie wissen, daß man Schwimmen nicht durch einen Fernkurs erlernen kann. Es ist notwendig, sich ins zu Wasser stürzen. Dasselbe gilt für die Geistausgießung. Um sie wirklich zu erlangen, muß ich sie an mir selbst erfahren. Ich habe einmal vor Priestern in Guatemala gepredigt und beim Versuch, die Geistausgießung zu erklären, sagte ich einfach: Sie ist eine persönliche Erfahrung.

In der nächsten Pause stand ein kleiner fünfjähriger Junge vor uns und lutschte am Daumen. Ein Priester fragte: „Wonach schmeckt denn dein Daumen?" Der Junge war sehr überrascht, lutschte weiter und suchte nach einer Antwort. Nach einiger Zeit sagte er zum Priester, indem er ihm den Daumen hinstreckte: „Koste doch selbst!"

Deshalb sage ich heute zu euch: Wenn ihr wissen wollt, was die Geistausgießung ist, dann kostet selbst davon! Nehmt doch einmal an einem *Leben-im-Heiligen-Geist-Seminar* teil, um euch auf die Geistausgießung vorzubereiten und dann eben richtig zu *schmecken.* So ein *Leben-im-Heiligen-Geist-Seminar* dauert meist sieben Wochen. Das ist genau die Zeit, die zwischen Ostern und Pfingsten liegt. Bei uns läuft jede Woche ein Seminar, in dem wir versuchen, das Leben *im Heiligen Geist* kennenzulernen. Wir beten, betrachten kurze Bibeltexte und studieren das Leben der Urkirche. Am Ende des Seminars erneuern wir unsere Taufe und bitten um die Ausgießung des Heiligen Geistes. Meist erleben die Teilnehmer dabei ihr persönliches Pfingsten.

Doch heute erlebt die ganze Kirche ein neues Pfingsten. Wieviele gibt es doch, die Zeugnis davon ablegen, welch radikale Änderung die Geistausgießung in ihrem Leben verursachte.

Als Apollo 13 mit zwei Astronauten unterwegs zum Mond war, befanden sich zwei Christen an Bord. Armstrong erhielt seine Geistausgießung vor dem Abflug zum Mond, Aldrin aber wollte nach der Mondlandung um die Geistausgießung bitten. Die Reise auf den Mond wurde vom Fernsehen in die ganze Welt übertragen. Wir alle erlebten, wie Aldrin ausstieg und sich auf dem Mond niederkniete. Man war gespannt, was da vor sich ging, denn

Aldrin kniete am Boden des Mondes und Armstrong legte ihm die Hand auf. Aldrin erneuerte seine Taufe und bat Jesus um die Ausgießung seines Geistes.

Bei der Rückkehr von dieser Apollomission gab Aldrin öffentlich im amerikanischen Fernsehen davon Zeugnis. Sechsundzwanzig Millionen Amerikaner erfuhren nun, daß Aldrin nach der Mondlandung seine Taufe im Heiligen Geist erhalten hatte.

Aldrin verkündete durch Psalmen die Wunder der Schöpfung und sagte, daß die persönliche Begegnung mit Jesus bei der Geistausgießung das Allerschönste dieser Reise war.

Was für ein Unterschied gegenüber Gagarin, dem ersten russischen Astronauten im Weltraum! Gagarin erklärte: „Ich habe Gott nirgends im Weltraum gesehen, daher gibt es ihn auch nicht."

Aldrin sagte dagegen: „Das Allerschönste bei diesem Ausflug auf den Mond war die persönliche Begegnung mit Jesus, als ich die Geisterneuerung erhielt." Der Heilige Geist offenbart uns eben die Person Jesu so, als ob er uns gleichsam einen Schleier vor unseren Augen wegzöge.

Oft geht es uns wie den Jüngern von Emmaus. Jesus erschien ihnen, doch keiner von ihnen erkannte ihn. Er ging mit ihnen ein Stück des Weges, er ging mit in das Haus, setzte sich mit ihnen zu Tisch, brach das Brot und gab es ihnen. Da erst gingen ihnen die Augen auf und sie erkannten ihn. So ist es auch mit der Geistausgießung: In ihr offenbart uns der Heilige Geist Jesus. Und die Folgen dieser Ausgießung des Heiligen Geistes sind, wie in den Zeugnissen immer wieder hervorgehoben wird, Friede, Freude und ein ganz neues Erfülltsein im Leben.

Euch und euren Kindern gilt die Verheißung

Dieses *Erneuert-Werden* durch den Heiligen Geist ist wirklich eine Gnade. Ich lade Sie alle dazu ein, diese Erfahrung zu machen! Auch wenn Sie schon einmal um die Geistausgießung gebetet haben, so können Sie erneut darum bitten. Die Apostelgeschichte berichtet ja auch davon, daß die Apostel nicht nur zu Pfingsten den Heiligen Geist empfangen haben. Sie haben diese Gnade bei verschiedenen Gelegenheiten erhalten, zum Beispiel nach der ersten Verfolgung. Da heißt es, daß die Apostel zu beten begannen und zu Jesus sagten: „Streck deine Hand aus, damit Heilungen und Zeichen und Wunder geschehen..." Apg 4,30. Und „...alle wurden mit dem Heiligen Geist erfüllt." Das war die zweite Geistausgießung! Man kann also mehrmals um diese Gnade bitten. Entscheidend aber ist immer, daß wir unser Leben dem Heiligen Geist übergeben, indem wir Jesus als unseren Herrn und persönlichen Heiland annehmen und ihn einladen, die Führung in unserem Leben zu übernehmen. Liebe Brüder und Schwestern, ich wünsche wirklich jedem diese Erfahrung!

Die Geistausgießung ist kein Privileg einer kleinen Gruppe. Petrus sagt uns: „Denn euch und euren Kindern gilt die Verheißung und all denen in der Ferne, die der Herr, unser Gott, herbeirufen wird." (Apg 2,39). Die Verheißung gilt allen, die Gott ihren Heiland nennen; die Verheißung gilt euch allen!

Zu meinen Pfarrkindern in der Dominikanischen Republik sage ich oft: „Ich werde in Pension gehen, wenn alle meine Pfarrkinder die Geistausgießung erhalten haben." Denn dann ist bei allen der Glaube, die Taufe und die Firmung erneuert. Wenn wir in unseren Familien und Gemeinschaften den Glauben erneuern, dann kann der Heilige Geist, wenn wir ihn in uns wirken lassen, wunderbare Dinge wirken. Die Geisterneuerung ist wirklich eine Pfingstgnade. Ich wiederhole, was der kleine Junge zu jenem Priester gesagt hat: „Koste doch selber!" Wollt ihr wissen, was Geisterneuerung ist, dann *kostet doch selber!*

4. Das Herz Jesu und unser Herz

Die Kraft des Heiligen Geistes

Die Kirche ist in der Todesstunde Jesu aus seiner Seite geboren worden. So sprechen die Konzilsväter in ihrem Dokument von der Geburt der Kirche. So wie Gott Eva aus der Seite des schlafenden Adam gebildet hat, so wurde die Kirche am Kreuz aus der Seite Jesu, aus der Blut und Wasser flossen, geboren. Blut und Wasser versinnbilden unsere Taufe und die Eucharistie. Die am Kalvarienberg geborene Kirche aber brauchte eine neue Kraft, die Kraft des Pfingstfestes. Wir lesen in der Heiligen Schrift, daß sich die Jünger vor Pfingsten im Obergemach aus Angst vor den Juden hinter verschlossenen Türen versammelten. Doch Jesus hat ihnen vor seiner Himmelfahrt verheißen, daß sie eine neue Kraft, die Kraft des Heiligen Geistes empfangen und seine Zeugen sein werden. Diese den Aposteln von Jesus verheißene Kraft war der Heilige Geist, der auf sie beim Abendmahl herabkam. Im Abendmahlsaal hat die Urkirche das erlebt, was wir die Ausgießung des Heiligen Geistes nennen. Die Kirche von heute braucht dringend wieder diese Kraft des Heiligen Geistes, um mutig bezeugen zu können, daß Jesus auferstanden ist, daß er lebt und der wahre Gott ist.

„Ihr werdet den Heiligen Geist empfangen und ihr werdet meine Zeugen sein." (vgl. Apg 8) Es ist wunderbar zu sehen, wie sich dieses Wort bestätigt; wie sich diese am Kalvarienberg geborene Kirche zum ersten Mal zu Pfingsten manifestiert hat und sich bis heute weiter in der ganzen Welt manifestiert. Wir sehen, daß Jesus treu zu seiner Verheißung steht. Er hat zu Petrus gesagt: „Du bist Petrus, und auf diesem Felsen werde ich meine Kirche bauen, und die Mächte der Unterwelt werden sie nicht überwältigen." (Mt 16,18) Obwohl die Kirche durch alle Jahrhunderte verfolgt wurde, und obwohl viele Feinde gegen sie wüteten, konnte sie nicht zerstört werden.

Öffnet euch dem Heiligen Geist!

Liebe Brüder und Schwestern, wir sollen für diese Gnade, die wir durch den Heiligen Geist erhalten, dankbar sein. Die große Zahl von Menschen, die heute hier ist, beweist, daß der Heilige Geist wirkt. Wir haben uns schon oft beklagt, daß unsere Kirchen leer werden. Aber genau das Gegenteil ist der Fall! Es gibt Priester, die den Mut verloren haben und sagen: Meine Kirche wird immer leerer. Allen jenen rate ich: Öffnet eure Kirchen dem Wirken des Heiligen Geistes und eure Kirchen werden zu klein werden!

Im vergangenen Mai habe ich bei einer Bischofskonferenz in Brasilien, an der alle Bischöfe dieses Landes teilnahmen, gepredigt. Sie untersuchten das Phänomen, warum viele Christen aus der Kirche weggingen und in Frei- oder Pfingstkirchen übertraten. Besonders drei Missionare litten sehr unter dieser Tatsache. Zu einem von ihnen sagte ich: öffne die Kirche dem Wirken des Heiligen Geistes! Öffne sie den Geistesgaben, und unsere katholischen Brüder werden nicht mehr zu anderen Kirchen übertreten. Es ist verständlich, daß die Katholiken keine Lust haben, in den Gottesdienst zu gehen, wenn er traurig und monoton ist, in den protestantischen Kirchen hingegen alles lebt und singt. Wenn auch wir in der katholischen Kirche das Wirken des Heiligen Geistes annehmen, dann haben es die Menschen nicht mehr notwendig, die Kirche zu verlassen. Unsere Kirchen werden sogar zu klein werden. Alle sollen sehen, daß Jesus in unserer Kirche lebt, und Gott will dies durch Zeichen und Wunder bestätigen. Alle Geistesgaben, die wir erhalten, dienen dazu, daß wir in unserer Kirche gestärkt werden.

Die Umkehr des Herzens

Morgen abend werden wir einen feierlichen Gottesdienst für unsere Kranken haben; heute, am ersten Freitag jedoch, wollen wir vor allem für die Umkehr der Herzen beten. Sie ist eines der wichtigsten Dinge. So hat auch Jesus zuerst zum Gelähmten gesagt:
„Deine Sünden sind dir vergeben!" und dann erst: „Steh auf und geh!"
So wollen wir während dieser Heiligen Messe vor allem für die Umkehr der Herzen bitten und unsere Sünden bereuen. Bitten wir Jesus, daß er uns an diesem ersten Freitag besonders an den Karfreitag erinnert – jenen Freitag, an dem er für uns gestorben ist. Wir bitten ihn, unsere Seelen zu heilen, uns die Umkehr des Herzens und Reue über unsere Sünden zu schenken.

Das offene Herz Jesu

An jedem ersten Freitag will uns Jesus besonders daran erinnern, daß er für uns gestorben und sein Herz für alle offen ist. Er wollte mit offenem Herzen sterben, um für die Sünder ein Zufluchtsort zu sein, so wie eine offene Tür, jederzeit bereit, einen Freund eintreten zu lassen. Jesus wollte auch mit ausgebreiteten Armen sterben, um wie eine Mutter zu sein, die ihren Sohn aufnimmt. Alle, die müde und beladen sind, will er erquicken.

44

Öffnet Jesus euer Herz!

Brüder und Schwestern, am Ende dieser kleinen Betrachtung möchte ich euch bitten, euer ganzes Vertrauen auf Jesus zu setzen. Jesus ist allmächtig. Während der fünfzehn Jahre meines Heilungsdienstes habe ich das gesehen. Ich habe Heilungen an Blinden, an Gelähmten, an Tauben und an Krebskranken gesehen. Für Jesus gibt es keine Schwierigkeiten, denn er ist der Herr des Unmöglichen. Ich sage dir, wenn du glaubst, wirst du die Herrlichkeit Gottes sehen! (vgl. Joh 11,40) Es gibt nur eines, was Jesus nicht tun kann: Er kann nicht in dein Leben kommen, wenn du ihm nicht die Erlaubnis dazu gibst. Jesus hat dir die Freiheit gegeben, und er respektiert sie. In der Geheimen Offenbarung sagt Jesus: „Ich stehe vor der Tür und klopfe an. Wenn mich jemand hört und mich einläßt, dann werde ich mit ihm sein." (vgl. Offb 3,20)
Öffne also dein Herz für Jesus, so wie Zachäus sein Haus für Jesus geöffnet hat. Sag zu Jesus: Komm, ich nehme dich auf in mein Leben, in mein Herz. Ich erkenne dich an als meinen persönlichen Retter, als meinen Befreier. Und Jesus wird wie zu Zachäus zu dir sagen: „Heute ist diesem Haus Heil widerfahren."
Heute wollen wir besonders um die Heilung unserer Seelen bitten. Niemand unter euch soll sagen, er sei ein hoffnungsloser Fall. Einen hoffnungslosen Fall gibt es nicht! Nur Männer und Frauen, die Jesus nicht kennen, verzweifeln. Aber an dem Tag, an dem wir entdecken, daß Jesus der Herr unserer Herzen ist, wissen wir, daß er auch das Unmögliche vollbringen kann. Urteilt deshalb auch nie über einen Menschen! Ihr wißt doch nicht, wie sehr er gegen seine schlechten Seiten

ankämpft. Sagt von niemandem, das ist ein verlorener Mensch! Denn Jesus ist gekommen, um zu retten, was verloren ist; er ist gekommen, um unsere Ketten zu zerbrechen und uns die Freiheit zu schenken.

Deshalb kommt es vor allem darauf an, daß wir Jesus in unserem Leben begegnen, daß wir Verzeihung und Befreiung erbitten und uns von ihm retten lassen.

5. Strebt aber nach den Geistesgaben!

Charismen – Gaben für den Dienst an der Kirche

Es ist immer wunderbar, die Werke des Herrn zu verkünden. Wenn wir von den Gaben des Heiligen Geistes sprechen, dann sprechen wir von den Wundern, die Gott unter uns wirkt. Der Heilige Geist gibt uns besondere geistliche Gaben, um die Kirche aufzubauen. Im Brief des Heiligen Apostels Paulus an die Epheser im 4. Kaptil ab Vers 11 finden wir eine Aufzählung dieser Gaben: „... er gab den einen das Apostelamt, andere setzte er als Propheten ein, andere als Evangelisten, andere als Hirten und Lehrer, um die Heiligen für die Erfüllung ihres Dienstes zu rüsten, für den Aufbau des Leibes Christi." So ist es also offensichtlich, daß Gott uns diese Gaben gibt, um uns für den Dienst in der Kirche zu rüsten. Die Charismen sind Gaben für den Dienst an der Kirche; sie sind gegeben für den Aufbau des Leibes Christi, wie der Heilige Paulus sagt.

In der Kirche gibt es viele Geistesgaben, aber wie Papst Paul VI. sagte, erlebt die Kirche jetzt eine neue Ausgießung der Geistesgaben. Der Heilige Geist erneuert diese Gaben, die alle in der Urkirche da waren und nach und nach verloren gingen. Wieviele Geistesgaben es in der Kirche gibt, können wir nicht sagen. Der Heilige Paulus erwähnt in seinen Briefen 20 Geistesgaben, aber es gibt sicherlich viel mehr.

Drei Gruppen von Charismen

Der Heilige Paulus erwähnt die Gaben des Heiligen Geistes in seinen Briefen an die Korinther, an die

Römer und an die Epheser. Wir können diese Charismen in drei Gruppen zusammenfassen:

1. *Geistesgaben zur Belehrung*
2. *Geistesgaben zur Heilung*
3. *Geistesgaben zur Leitung*

Geistesgaben zur Belehrung und zum Wohl der Gemeinde

In die erste Gruppe gehören folgende Geistesgaben: jene für die Apostel, die Propheten und Lehrer, die Geistesgaben für die Evangelisten, die Geistesgabe der Weisheit, die der Erkenntnis und der Unterscheidung der Geister, die Geistesgabe des Sprachengebetes und der Auslegung des Sprachengebetes.

Der Heilige Paulus zählt außerdem noch Geistesgaben auf, die dem Wohl der Gemeinschaft dienen wie die Gabe der christlichen Nächstenliebe. Wenn es in einer Gemeinde materielle Probleme gibt, dann kommt diese Geistesgabe besonders zum Tragen. Es gibt Menschen, die in ganz besonderem Maße diese Gabe des Almosengebens haben und die immer bereit sind, anderen Menschen zu helfen, auch wenn sie selbst wenig haben.

Es gibt auch Menschen, die eher die Gabe haben, Geld zu erbitten – doch das ist vielleicht keine Gabe des Heiligen Geistes. Gastfreundschaft hingegen ist eine Geistesgabe, und sicher haben viele unter euch die Gabe der Gastfreundschaft und wissen es nicht einmal. Es kommt vor, daß Menschen ein Charisma haben und es selbst gar nicht wissen. Die Gemeinschaft aber sieht es. Die Geistesgaben sind ja für die Gemeinschaft gegeben, und die Gemeinschaft entdeckt sie.

Geistersgaben zur Heilung

Der Heilige Paulus führt auch die Gabe der Heilung und die Wundergabe an, die beide gegeben sind, um der Gemeinde zu helfen. Jede Geistesgabe wird nur geschenkt, um anderen damit zu helfen. Nur das Sprachengebet ist, wie der Heilige Paulus sagt, für uns selbst von Nutzen: „Wer in Sprachen redet, erbaut sich selbst." Aber alle anderen Charismen – z. B. die Heilungsgabe – sind gegeben, um die Gemeinde aufzubauen.

Es war in der Schweiz, als ich an einem sehr kalten Tag predigte und einen Schnupfen erwischt hatte. Während der Heiligen Messe begann der Herr eine Dame zu heilen, die an Krebs litt. Einen Monat später war sie vollkommen geheilt. Ich aber mußte aus der Heiligen Messe wieder mit meinem Schnupfen weggehen. Die Heilungsgabe ist eben nicht für uns, sondern für die anderen. Wenn ich krank bin, kann ich mir nicht selbst die Hände auflegen, um mich zu heilen; ich muß andere bitten, für mich zu beten.

Der Herr gibt uns aber nicht nur die Kraft des Gebetes, um zu heilen, sondern auch das Wissen der Ärzte. Ärzte sind eine Gabe Gottes an die Menschen, genauso wie die von ihnen verordneten Medikamente. – Nur die Rechnungen der Ärzte sind kein Geschenk Gottes. In den armen Ländern sehen wir deshalb viel mehr Heilungen als in unseren Ländern, denn Gott hat Mitleid mit jenen Menschen, die kein Geld haben, um sich Medikamente zu kaufen.

Geistesgaben zur Leitung

Die Charismen der dritten Gruppe dienen dazu, eine Gemeinde zu leiten. Der Heilige Paulus spricht von der

Gabe des Hirten und dem Charisma des Diakons, der bereit ist, zu dienen.

Wir sehen, daß alle diese Geistesgaben die Kraft Gottes aufzeigen. Sie erweisen Gottes Kraft als echt. Die Geistesgaben laden ein zur Umkehr; sie bestätigen, daß das Evangelium für alle, die glauben, eine Kraft ist.

Die Wurzeln der Geistesgaben

Alle Geistesgaben haben ihre Wurzeln in den *sieben Gaben des Heiligen Geistes*. Bei der Taufe sind wir Söhne und Töchter Gottes geworden, Tempel des Heiligen Geistes. Wir haben auch die sieben Gaben des Heiligen Geistes empfangen: die Gabe der Weisheit, der Wissenschaft, des Verstandes und des Rates, die Gabe der Kraft, der Frömmigkeit und die Gabe der Gottesfurcht. Diese uns in der Heiligen Taufe gegebenen Gaben verlangen aber unsere Mitwirkung. So kann zum Beispiel jemand, der zwar die Gabe der Frömmigkeit erhalten hat, aber nicht im christlichen Geist erzogen wird, diese Gabe nicht entfalten. Diese Gaben sind in uns wie eine Saat hineingelegt; wenn jedoch der Boden für die Saat nicht günstig ist, dann werden sich diese Gaben nicht entwickeln.

Alle Geistesgaben des Heiligen Geistes sind ein äußerer Ausdruck dieser sieben Gaben des Heiligen Geistes: Die Gabe der Weisheit manifestiert sich im Wort der Weisheit oder in der Gabe der Unterscheidung der Geister; die Gabe der Erkenntnis manifestiert die Geistesgabe der Wissenschaft; die Gabe des Verstandes drückt sich aus im Wort der Erkenntnis. Alle diese Gaben lassen uns sprechen, wie Jesus gesprochen hat; denken, wie Jesus gedacht hat.

Die Gabe der Heilung ist eine Gabe, die in der Kraft des Heiligen Geistes wurzelt; sie läßt uns wie Jesus handeln. Die Gabe des Sprachengebetes zeigt, daß wir bei der Taufe die Gabe der Frömmigkeit erhalten haben. Das Sprachengebet läßt uns beten, wie Jesus gebetet hat.

Wie wunderbar ist dies: *Wenn Sie beten, sprechen, denken und handeln wollen wie Jesus, dann nehmen Sie die Gaben des Heiligen Geistes an!*

Ein Bild soll verdeutlichen, daß ein Charisma, wie der Heilige Paulus sagt, eine Manifestation des Heiligen Geistes ist. Wenn ich Licht hinter ein Prisma stelle, dann wird es dadurch in verschiedene Farben zerlegt. Ein und dasselbe Licht zeigt sich in verschiedenen Farben. So manifestiert sich der gleiche Heilige Geist in den verschiedenen Charismen.

Das Charisma ist kein Zeichen von Heiligkeit

Der Heilige Paulus ruft uns zu: Streckt euch aus nach den Geistesgaben, damit ihr der Gemeinde besser dienen könnt!

Wie wir im Brief des Heiligen Apostels Paulus an die Galater lesen, läßt der Heilige Geist in uns Früchte reifen: die Liebe und alle anderen Früchte, die aus ihr entspringen – ähnlich den Zweigen, die aus einem Baumstamm hervorgehen.

Die Geistesgaben aber sind kein Zeichen der Heiligkeit. Was uns heiligt, ist nicht, ein Charisma zu besitzen, sondern es in den Dienst der Gemeinde zu stellen. So kann ein Mensch die Gabe haben, ein religiöses Leben zu führen; wenn er aber dieses Leben nicht wirklich lebt und in den Dienst der Gemeinde stellt, so kann diese Person sogar verdammmt werden. Ein Charisma ist also keineswegs ein Beweis von Heiligkeit. Was uns heiligt, ist die Ausübung des Charismas. Denn die Ausübung des Charismas ist ein Dienst und eine Manifestation der Nächstenliebe.

Die Ausübung der Charismen – ein Akt des Glaubens und der Liebe

Die Geistesgaben sind ein Weg, um im Glauben und in der Liebe zu wachsen. Wer Geistesgaben ausübt, tut es im Glauben. Über eine Geistesgabe kann man nicht nachdenken, denn es ist der Antrieb des Heiligen Geistes, der uns so handeln läßt. Ich kann zum Beispiel kein prophetisches Wort sprechen, weil ich etwa darüber nachdenke, sondern der Heilige Geist gibt mir diese Prophetie ein. Der Heilige Geist läßt mir auch die Freiheit, prophetische Worte auszusprechen oder nicht. Der Heilige Paulus sagt: Wer in Sprachen betet, redet nicht zu den Menschen, sondern zu Gott, denn niemand anderer wird es verstehen. Im Geist sagt man geheimnisvolle Dinge. Das Sprachengebet ist das Gebet des Heiligen Geistes in uns, und wir verstehen eigentlich nicht, was wir beten. Das Sprachengebet kann man auch nicht übersetzen so wie eine Fremdsprache. Nur die Botschaft, die wir durch ein Sprachengebet erhalten, können wir ausdrücken.

Du kannst beten – auch in Sprachen – wann immer du willst. Aber die Botschaft des Sprachengebetes kannst du nicht immer erhalten. Denn das Sprachengebet ist eine Gabe des Gebetes, und wir bitten um keine Interpretation, wenn wir in Sprachen beten. Nur wenn uns eine Botschaft in Sprachen gegeben wird, bitten wir um eine Auslegung.

Geistesgaben sind uns gegeben, um uns zu stärken und im Glauben zu wachsen. Sie sind verstandesmäßig nicht zu erfassen. Ich will damit nicht sagen, daß sie irrational sind, aber sie gehen über unseren Verstand hinaus. *Wenn wir ein Charisma ausüben, dann setzen wir immer einen Schritt des Glaubens.*

In Peru, in einer großen Versammlung wie hier, feierte der Bischof mit fünfundzwanzig Priestern die Heilige Messe. Ich durfte predigen und nach der Heiligen Kommunion ein Gebet für die Kranken sprechen. Plötzlich erhielt ich in meinem Herzen ein Wort der Erkenntnis: Es ist mitten unter den Gläubigen ein Gelähmter, den der Herr jetzt heilen will. Ich habe den Gelähmten, der offensichtlich im Stadium der Heilung war, gebeten, aufzustehen und ein Zeichen des Glaubens zu setzen. Mehrere Menschen waren im Rollstuhl oder gingen mit Krücken, aber niemand rührte sich! Da wiederholte ich dieses Wort: Es ist hier ein Gelähmter, der geheilt wird, er möge ein Zeichen des Glaubens setzen und im Namen Jesu zu gehen beginnen. Aber niemand stand auf!

In meinem Herzen wurde mir bange und ich dachte: Vielleicht geht es deshalb nicht gut, weil soviele Priester und der Bischof hier sind. Sie werden sagen, daß ich lüge.

Hinein in diese Spannung und Unsicherheit sagte ich: Beten wir weiter, es wird sicher ein Zeichen der Heilung kommen. Da erhielt ich ein anderes Wort des Herrn und ich sprach: Es wird jetzt jemand geheilt, der taub ist, gib wenigstens du dich zu erkennen! Da stand plötzlich ein Mann aus dem Rollstuhl auf und begann zu gehen. Das war der vom Herrn geheilte Gelähmte, der aber auch taub war. Als ich ihm zurief: Im Namen

Jesu, steh auf!, konnte er es nicht tun, denn er war ja taub und verstand mich nicht. Erst als Jesus auch seine Taubheit geheilt hatte, erhob er sich und ging zum Mikrophon. Mit Tränen in den Augen erzählte er seine Geschichte und erklärte uns, daß seine halbseitige Lähmung auch seine Taubheit verursachte!

Als der Geheilte sein Zeugnis beendet hatte, konnte ich mich nicht zurückhalten und sagte öffentlich: „Damit ich nicht wieder in so eine peinliche Situation komme, möchte ich dir, Herr, einen Rat geben; Herr, bitte heile das nächste Mal zuerst die Taubheit und dann die Lähmung!"

Die Ausübung der Charismen ist immer ein schwieriger Dienst; ist immer ein Schritt des Glaubens. Du wirst vom Heiligen Geist getrieben, aber du hast nie eine Sicherheit. Erst das Zeugnis wird eine Prophetie oder ein Wort der Erkenntnis bestätigen.

Das Wort der Erkenntnis ist jetzt in den Gemeinden sehr verbreitet. Ich weiß, daß sich auch unter euch einige befinden, die dieses Charisma erhalten haben und es in den Dienst der Gemeinde stellen. Wenn ich bei Priestern Einkehrtage halte, sage ich immer wieder: „Nehmt diese Gabe der Erkenntnis an! Ihr könnt dadurch den Menschen pastoral dienen." Früher hat man dieses Phänomen *Lesen in den Herzen* genannt. Es ist eine Botschaft, die uns geschenkt wird.

Einmal kam während einer Versammlung eine Mutter mit ihrer Tochter zu mir, die an an einer außergewöhnlichen Krankheit litt. Sie fiel immer wieder in Ohnmacht, so, als ob sie Epilepsie hätte. Die Ärzte aber sagten, daß es keine wäre. Für die Tochter war das eine Kathastrophe, weil sie ihre Studien aufgeben mußte. Die Mutter hatte viele Ärzte, Psychologen und Psychiater aufgesucht, aber vergeblich! Schließlich bat sie um Gebet für ihre Tochter.

Nachdem wir ein wenig zusammen in meinem Büro gebetet hatten, erhielt ich plötzlich – die beiden Besucher wollten gerade gehen – vom Herrn ein Wort der Erkenntnis. „Warum beichtet sie nicht?" fragte ich und riet der Tochter, die Gelegenheit zu nützen, um eine gute Beichte abzulegen und nicht nur um ihre Gesundheit zu bitten. Nachdem die Mutter hinausgegangen war, wollte ich ihrer Tochter die Beichte abnehmen. Doch sie war stumm vor Angst. Ich wartete vergeblich darauf, daß sie ihre Sünden bekennen würde. Schließlich betete ich leise in Sprachen und erhielt in meinem Herzen das Wort *Abtreibung*. So fragte ich die junge Frau, ob sie nicht schon einmal Probleme mit einer Abtreibung gehabt habe. „Wer hat Ihnen das gesagt?" wollte sie wissen. Doch niemand hatte es mir gesagt – der Herr hatte es mir in mein Herz gelegt. Die junge Frau begann zu weinen und gestand mir, daß sie sexuelle Beziehungen zu ihrem Freund gehabt hatte und schwanger geworden war. Auf den Rat ihres Freundes sei sie in eine Klinik gegangen und habe abgetrieben. Als sie aus der Klinik herauskam, fühlte sie sich doppelt schuldig: durch die sexuelle Verbindung mit ihrem Freund außerhalb der Ehe und durch die Schuld, ihr Kind getötet zu haben. Die junge Frau dachte sehr oft an diese doppelte Sünde. Eines Tages wurde die Belastung so groß, daß sie zu Boden stürzte. Dieses Phänomen hat sich im Laufe von 3 Monaten immer wieder wiederholt. Als sie mir das erzählt hatte, sagte ich: „Wir werden den Herrn bitten, daß er dir verzeiht und dir innere Heilung schenkt." Ich habe sie noch gebeten, mir auch in naher Zukunft Auskunft über ihren Zustand zu geben, damit ich sehen könnte, ob dies wirklich die Wurzel ihrer Krankheit gewesen war. Sie hat mir immer wieder bezeugt, daß ihre Krankheit nie mehr zurückgekommen sei. Ihr Problem war kein körperliches Problem. Der Heilige Geist hatte den Grund gewußt und mich darauf in meinem Herzen hingewiesen.

Oft erhalten Priester Worte in ihr Herz, aber sie wissen nicht, daß das ein Wort der Erkenntnis vom Heiligen Geist ist.

Habt keine Furcht vor den Charismen! *Alle Geistesgaben helfen uns, der Gemeinde zu dienen.* Versuchen wir deshalb alle Charismen des Heiligen Geistes mit Freude anzunehmen, denn sie sind wichtig für die Gemeinde.

Es gibt viele Menschen, die Geistesgaben erhalten haben, aber sie nicht mehr ausüben, weil sich jemand über sie lustig gemacht hat. Doch wir sollen uns nicht so sehr um das kümmern, was der Nachbar sagt, sondern um das, was Gott von uns will.

Ich wiederhole: die Ausübung der Geistesgaben ist ein Akt des Glaubens und der Liebe. Wir üben dadurch die Nächstenliebe in besonderer Weise aus. Die Geistesgaben sind ein Geschenk für die anderen, und manchmal wünschen wir, daß der Herr dieses Geschenk nehme. Aber *der Dienst an der Gemeinde heiligt uns!* Gerade in unserer Zeit, wo es soviel Egoismus gibt, will der Herr, daß wir der Gemeinde dienen. So wiederhole ich mit den Worten des Heiligen Paulus: *„Strebt aber auch nach den Geistesgaben, vor allem nach der prophetischen Rede!"*

6. Glaube und Sünden gegen den Glauben

Glaube an das Wort Gottes

Wir haben immer wieder betont, daß die Charismatische Erneuerung vor allem eine Erneuerung des Glaubens ist. Es genügt aber nicht, bloß an die Existenz Gottes zu glauben. Durch diesen Glauben allein findet noch niemand das Heil. Wäre es so, dann müßte auch der Teufel gerettet sein. Dies ist aber keineswegs so, wie auch der Apostel Jokobus schreibt: „Du glaubst: Es gibt nur den einen Gott. Damit hast du recht; das glauben auch die Dämonen, und sie zittern." (Jak 2,19)

Den Glauben, den wir brauchen, ist der *Glaube an das Wort Gottes*. Wir glauben, daß das Wort Gottes die *Wahrheit* ist. Und das müssen wir in die Tat umsetzen. Liebe Brüder und Schwestern, je mehr wir uns vom Wort Gottes nähren, um so mehr wächst unser Glaube. Von diesem Glauben an das Wort Gottes und seinem Wachstum wird auch immer wieder im Römerbrief gesprochen. Der Glaube, den wir in der Taufe erhalten haben, ist ein Gratisgeschenk; aber wir müssen diesen Glauben entwickeln. Er wird genährt durch unser Gebet, durch das Wort Gottes und durch die Sakramente; und er wächst durch unseren apostolischen Einsatz. Es ist wichtig, daß wir uns für die anderen apostolisch einsetzen und dadurch unseren Glauben wachsen lassen.

Aberglaube, Magie, Spiritismus und Satanismus

Manche Christen behaupten, sie besäßen Glauben, aber letzlich neigen sie zum Okkulten. Es ist traurig, dies immer wieder erleben zu müssen!

Das Volk Gottes läßt sich von den Propheten Gottes, den wahren Propheten führen. Die Heiden hingegen suchen ihre Lebensorientierung bei den Wahrsagern und Magiern. Jede Art von Spiritismus und Wahrsagerei, die bewußt betrieben wird, ist eine schwere Sünde gegen den Glauben an Gott. Der Mangel an Glaube besteht eben darin, daß das abergläubische Volk nicht genug Vertrauen in die Vorsehung Gottes hat. Es wendet sich von der wahren Lebensquelle, die Gott ist, ab. Es ist unglaublich, wie sehr der christliche Glaube durch Magie und Aberglaube verseucht wird. Die einen gehen zu den schwarzen Magiern, die anderen zu denen, die weiße Magie betreiben.

Schwarze Magie heißt: Der Betreffende versucht, Satan direkt zu kontaktieren.

Die *weiße Magie* ist viel heuchlerischer, denn sie trägt eine Maske, manchmal auch eine christlich-scheinende. Um die Leute zu täuschen, wird oft ein Tisch wie ein Altar zurechtgerichtet. Darauf liegt zwar eine Bibel, aber die Magier benützen nicht das Wort Gottes, sondern Zauberformeln.

Manche von ihnen haben beispielsweise Vertrauen zu gewissen magischen Formeln, durch die man Blutungen zum Stillstand bringen kann. Andere lassen sich von Kristallkugeln inspirieren. All das stammt nicht von Gott, sondern gehört dem Bereich der Finsternis an.

Unser Gott ist ein wunderbarer Gott, aber kein magischer Gott. Alle, die mit Magie umgehen, bedienen sich irgenwelcher Geheimformeln, die sie öffentlich gar nicht auszusprechen wagen. Bei Jesus aber gibt es kein Geheimnis! *Jesus ist die geoffenbarte Wahrheit.* Wenn wir unseren Glauben erneuern wollen, dann müssen wir uns von allem Okkulten reinigen! Manche Katholiken vertrauen dem Horoskop mehr als dem Wort Gottes oder lassen sich von Spiritismus und dergleichen leiten. Jesus sagt: „Ich bin das Licht der Welt. Wer mir nachfolgt, wird nicht in der Finsternis umhergehen, sondern wird das Licht des Lebens haben." (Joh 8,12) Bei Jesus gibt es kein Geheimnis, Jesus ist die geoffenbarte Wahrheit.

Die Bibel verurteilt an mehreren Stellen den Aberglauben, die okkulten Wissenschaften und die Zauberei.

Es ist unglaublich, wie unser Glaube von diesen Praktiken verdorben wurde. Auch bei einem Einkehrtag sagte ich einmal: „Alles, was mit Magie zu tun hat, gehört nicht dem Bereich Gottes, sondern dem Bereich der Finsternis an." Da stand ein Religionslehrer auf und sagte: „Ich kenne aber eine Geheimformel, durch die ich Blutungen zum Stillstand bringen kann." Ich antwortete: „Wenn du Christ bist, dann laß all diese Dinge! Sag uns, was du da murmelst, wenn du das Blut zum Stillstand bringst. Dann können wir dir helfen, zu erkennen, was da im Spiel ist." Der Religionslehrer meinte: „Ich darf es nicht sagen! Das ist ein Geheimnis, das wir nur untereinander weitergeben und niemand darf es preisgeben." Daraufhin sagte ich: „Aber das kannst du doch nicht so einfach annehmen; verrate uns doch diese Formel, und wir werden dir helfen, klar zu erkennen, was dahinter steckt." Nach einigem Zögern erzählte er: „Wenn jemand mit einer blutenden Wunde zu mir kommt, dann sage ich: Judas, Judas, Judas! Gebiete diesem Blutfluß Einhalt, so wie du auch Jesus gefangen genommen hast! (dies ist im Französischen ein Wortspiel), dann hört das Blut sofort zu fließen auf." Ich fragte ihn: „Warum sagst du nicht Jesus anstatt Judas? „Weil es dann nicht funktioniert!" lautete seine Antwort.

Es ist also ganz offensichtlich, daß die Blutstillung nicht von Jesus kam. Wenn jemand Judas anruft, dann ruft er böse Geister an. Das ist doch klar!

Es gibt die verschiedensten abergläubischen Formeln oder Zeichen; viele davon habe ich in Frankreich kennen gelernt. So hängen manche Leute über ihrer Tür ein Hufeisen auf; andere wieder setzen ihr ganzes Vertrauen in Magier oder Edelsteine.

Doch ich rate dringend, alles aus unserem Glaubensleben zu eliminieren, was nicht zur Offenbarung gehört. Betrachten wir, wie sich Paulus verhielt, als ein Zauberer den Konsul vom Glauben abhalten wollte. Da heißt es in der Apostelgeschichte: „Saulus, der auch Paulus heißt, blickte ihn, vom Heiligen Geist erfüllt, an und sagte: Du elender und gerissener Betrüger, du Sohn des Teufels, du Feind aller Gerechtigkeit, willst du nicht endlich aufhören, die geraden Wege des Herren zu durchkreuzen?" (Apg 13,8-10) Beachten wir: Paulus, erfüllt vom Heiligen Geist, nennt den Zauberer einen Sohn des Teufels. Alle Magier arbeiten mit der Macht des Teufels.

Satan, das wissen wir, will Gott in allem nachahmen. Schenkt der Heilige Geist den Geist der Prophetie, dann schenkt der Geist der Lüge falsche Prophetie. Schenkt der Heilige Geist das Charisma der Heilung, so versuchen Zauberer – oft in gewissen Zentren – ebenfalls die Macht der Heilung zu praktizieren. Doch wehe dem, der Heilung durch die Kraft Satans erlangt! Er hat vor allem eine Sünde gegen den Glauben an Gott auf sich geladen, und dadurch wird er zum Sklaven Satans. So oft er ein Problem hat, kehrt er zu Satan zurück, um ihn zu befragen. Ich habe Menschen getroffen, die ihre Gesundheit durch die Kraft von Zauberern erlangten;

für sie war es nötig, ein Befreiungsgebet zu sprechen. Vielleicht ist auch jemand unter euch mit Spiritismus oder anderen okkulten Praktiken in Berührung gekommen, dann erinnert euch an das Pauluswort: „Sohn des Teufels". Begebt euch nicht in die Hände eines Sohnes des Teufels! Ihr seid Kinder Gottes! Befragt den Heiligen Geist! Wenn jemand diesen Fehler begangen und einem Zauberer vertraut hat, dann bitte er Gott um Verzeihung!

Heute gibt es viele Sekten, die auf dem Okkulten basieren. In der ganzen Welt haben sich satanische Sekten verbreitet. Sie rufen und beten Satan an. Sie bitten ihn, er möge ihnen Macht und Einfluß geben. Zu ihren Lieblingstaten gehört es, die Heilige Eucharistie zu profanieren. In Lyon lernte ich eine Frau kennen, die einer solchen Sekte angehörte, aber davon loskommen wollte. Es war notwendig, einen Exorzismus vorzunehmen, worauf ihre Reaktion sehr heftig war. Ihre Aufgabe innerhalb der Sekte bestand darin, immer wieder die Heilige Hostie zu schänden.

Auch in Kanada hatte eine dieser Satanssekten vor allem unter jungen Leuten schon viel Schaden angerichtet. Einer von ihnen wollte sogar eine geweihte Hostie stehlen, damit sie dann in einer Satansmesse Verwendung finde. Er gab einem Sakristan zehn Dollar, damit er zur Kommunion gehe und eine Hostie mitnehme. Diese Hostie sollte er dann den Satanisten übergeben. Der Sakristan brachte jedoch eine ungeweihte Hostie, und diese wurde zur Satansmesse mitgenommen. Nun, das von den Satanisten Erwartete ist nicht eingetreten, weil ja die Hostie nicht konsekriert war. So sagten diese zu dem Sakristan, daß sie ihr Geld wieder haben wollten, denn diese Hostie war nicht geweiht. Sie hätten das herausgefunden, denn ihr Kult habe nicht funktioniert. Es gibt Menschen, die nicht an die tatsächliche Gegenwart Jesu in der Heiligen Eucharistie glauben. Satan jedoch braucht nicht zu glauben, er weiß es.

Die Personen, die sich dem Satanskult hingeben, besiegeln ihre Weihe an Satan mit Blut aus ihrer linken Hand. Ich habe auch eine Weiheschrift gelesen; sie ist wirklich erschütternd! Sie beginnt folgendermaßen: Satan ich akzeptiere es, daß ich die Ewigkeit mit dir verbringe, vorausgesetzt, daß du mir Macht verleihst. Es werden alle Wünsche aufgezählt und mit Blut unterzeichnet.

Einmal traf ich mit einem jungen Mädchen zusammen, das seit einem Jahr Mitglied einer Satanssekte war. Es wollte von der Sekte loskommen, da es den Frieden im Herzen verlorenen hatte. Ein Exorzismus war unerläßlich. Vier Priester hatten nach eineinhalb Stunden noch immer keinen Erfolg. Endlich kam mir der Gedanke, in Sprachen zu beten. Da auch die drei anderen Priester diese Gabe hatten, begannen wir alle vier in Sprachen zu beten. Schon nach fünf Minuten hatte der Herr das Mädchen befreit. Auf diese Weise wurde uns erneut klar, wie mächtig das Sprachengebet ist. Im Sprachengebet wirkt der Heilige Geist in uns, und deshalb ist es viel mächtiger als unser persönliches Gebet.

Das betreffende Mädchen wurde von Satan noch drei oder viermal attackiert, aber nach abermaligem Gebet hat es der Herr vollständig befreit. Das Mädchen bekehrte sich vollends und trat in einen Schwesternorden ein. Letztes Jahr erfuhr ich, daß diese junge Schwester bereits ihre Profeß abgelegt hat. Das ist ein Sieg Jesu! Jesus hat uns gesagt: „In meinem Namen werden sie Dämonen austreiben." (Mk 16,17) Deshalb, weil – wie wir im Evangelium lesen – das Reich Gottes unter uns schon angebrochen ist.

NEW AGE

Heute geht eine gefährliche Geistesströmung, New Age genannt, um die ganze Welt. New Age versucht, orientalische Religionen, Esoterik, Spiritismus und alle möglichen Spielarten der okkulten Wissenschaften zu vermischen. Viele junge Christen – auch solche, die an einer Universität studieren – glauben, das sei eine gute Sache. Doch ihnen muß man sagen, was eigentlich hinter New Age steckt. Die theosophische Gesellschaft stand am Anfang dieser Sekte; später nahm Alice Bailey die endgültige Planung dieser Bewegung vor. Sie hat die Lehren des New Age über das Diktat eines dämonischen Geistes bekommen und durch das sogenannte automatische Schreiben festgehalten. Dieses automatische Schreiben ist ein ganz besonderes okkultes Phänomen. Die betroffene Person schreibt unter dem Diktat eines bösen Geistes; mitunter bringt sie der Dämon dazu, ganze Hefte vollzuschreiben. Oft sind es sehr hochfliegende, schöne Dinge, die geschrieben werden. Aber mitten drin ist eine Blasphemie – so wie wenn man Gift in einen Kuchen gibt. Leider merken viele Leute, die solche Schriften lesen, das *Gift im Kuchen* nicht, und sie lassen sich täuschen.

Alice Bailey hat das gesamte Programm von New Age durch automatisches Schreiben erhalten. Der Plan von New Age war zuerst geheim, wurde aber 1975 bekannt gemacht. Heute ist New Age überall präsent, in den Zeitungen, im Fernsehen, in Kursen etc. Die Zielsetzungen sind: die Schaffung einer neuen Weltordnung, einer zentralen absolutistischen Weltregierung und die

Einführung einer neuen Weltreligion, in deren Mittelpunkt ein sogenannter Meister steht. Da müssen einem doch die Augen aufgehen! Wer ist dieser künftige Meister? – Der Antichrist! So bereitet New Age das Kommen des Antichristen vor. Natürlich gelingt die Erreichung dieser Ziele nur dann, wenn man durch gewisse Zwischenstufen geht. Dazu gehört zum Beispiel die Schaffung eines neuen Weltwirtschaftssystems, die weltweite Kontrolle der Lebensmittel, ein weltweites Geld- und Kreditkartensystem; weiters die Garantie eines Minimums an Privateigentum und individueller Freiheit, doch mit der Verpflichtung, das eigene Privatleben der Weltregierung unterzuordnen.

Bei dieser weltweiten Vorbereitung auf das Kommen des Antichristen wird die Unterwanderung der öffentlichen Institutionen geplant. Schon jetzt ist eine ganze Reihe solcher Institutionen von diesem neuen New Age Denken bestimmt. Zu den bekannten Institutionen, die mit New Age liiert sind, gehört zum Beispiel die UNO, die Ford-Stiftung, die Rockefeller-Stiftung und vor allem die Freimaurerei.

Typisch für New Age ist auch die Lehre von der **Reinkarnation**, der Wiedergeburt. Doch wer an Jesus glaubt, glaubt an sein Wort. Jesus sagt: „Wer mein Fleisch ißt und mein Blut trinkt, hat das ewige Leben, und ich werde ihn auferwecken am Letzten Tag." (Joh 6,54). Im Glaubensbekenntnis beten wir: „Ich glaube an die Auferstehung der Toten." Es ist unmöglich, gleichzeitig an die Auferstehung und an die Reinkarnation zu glauben. Das ist ein Widerspruch! Wenn Du an Jesus glaubst, der uns am Jüngsten Tag die Auferstehung verheißt, dann kannst du unmöglich an die Reinkarnation glauben und ebenso nicht an andere Lehren von New Age.

Letzte Woche, als ich ebenfalls über New Age, das so viel Schaden in der ganzen Welt anrichtet, sprach, kam nach dem Vortrag eine Dame zu mir und sagte: „Pater, es gibt ja auch gute Dinge in diesem New Age." Da seht ihr, wie sich die Leute irreführen lassen; sie wollen den guten Kuchen, der Gift enthält, essen.

Wir glauben an Jesus Christus. Er ist auferstanden und lebt! Wir alle glauben, daß er uns auferwecken wird am Jüngsten Tag. Der Prophet Daniel sagt: „Von denen, die im Land des Staubes schlafen, werden viele erwachen, die einen zum ewigen Leben, die anderen zur Schmach, zu ewigem Abscheu." (Dan 12,2) Fragen wir uns: Wo werde ich hingehören? Wo will ich hingehören? Das ist heute die wichtigste Frage an uns, noch wichtiger als die gerade aktuellen Weltprobleme. Es geht ja um unser ewiges Heil. Wir müssen uns über die Bedeutung und die Richtung unseres Lebens klar werden. Jesus sagt: Willst du in das Königreich Gottes gelangen, dann befolge die Gebote! Setzen wir doch unseren Glauben, unser ganzes Vertrauen in das Wort Gottes. Und wenn du Gottes Wort ernst nimmst, dann wird Gott auch dich ernst nehmen. Am Jüngsten Tag wird er dir sagen: Komm! Und du wirst das Reich einnehmen, das dir der Vater bereitet hat! Amen.

7. Maria – Modell des charismatischen Lebens

Wirkungen des Heiligen Geistes

Im Evangelium des Heiligen Lukas lesen wir die Worte, die der Engel zu Maria gesprochen hat: „Der Heilige Geist wird über dich kommen." (Lk 1,35) In der Apostelgeschichte wird berichtet, wie Jesus am Tag vor seiner Himmelfahrt den Aposteln den Heiligen Geist verheißen hat, und wie er am Pfingstfest auf sie und Maria herabgekommen ist. In beiden Fällen – bei der Verkündigung wie zu Pfingsten – ist es der Heilige Geist, der handelt. Der Heilige Geist wird in Maria fruchtbar und schenkt der Welt den Retter. Im Abendmahlsaal kommt er über die Apostel, und die Kirche wird geboren – eine Kirche, die missionarisch ist und die immer neue Kinder für das Reich Gottes hervorbringt.

Maria und das Charisma der Prophetie

Als Maria, erfüllt vom Heiligen Geist, im Magnifikat sagt: „...von nun an preisen mich selig alle Geschlechter..." (Lk 1,48), hat sie prophetisch gesprochen. Diese Prophetie Mariens hat sich erfüllt, heute wie gestern. Während der zwanzig Jahrhunderte des Christentums haben alle Generationen Maria selig gepriesen. Dies heißt jedoch nicht, daß dies alle Christen tun, denn es gibt solche, die die Rolle Mariens in der Heilsgeschichte nicht gut verstehen.

Maria und das Charisma des Wunders

Bei der Hochzeit zu Kana zeigte sich, daß Maria auch die Gabe hat, Wunder zu erreichen. Als Maria zu ihrem

Sohn sagte: „Sie haben keinen Wein mehr." (Joh 2,3), antwortete Jesus, daß seine Stunde noch nicht gekommen sei. Aber Maria hatte einen starken charismatischen Glauben, sie zweifelte nicht daran, daß Jesus helfen würde – auch dann, wenn seine Stunde noch nicht gekommen war. Deshalb sagte sie zu den Dienern: „Was er euch sagt, das tut!" (Joh 2,5) Jesus ließ sechs große Gefäße mit Wasser füllen und verwandelte das Wasser in Wein. Der Evangelist Johannes berichtet darüber: „So tat Jesus sein erstes Zeichen, in Kana in Galiläa und offenbarte seine Herrlichkeit, und seine Jünger glaubten an ihn." (Joh 2,11)

Ich möchte euch fragen: Wer hat das Wunder in Kana gewirkt? Natürlich Jesus! Aber wer hat das Wunder erreicht? Das war Maria! Darin besteht das Charisma des Wunders: durch das Gebet Wunder zu erhalten. Manche Katholiken sagen: die Heilige Jungfrau hat für mich ein Wunder gewirkt, oder sie hat mich geheilt. Doch *Maria will Jesus die Ehre nicht nehmen, die ihm gehört.* Jesus allein wirkt Wunder; Maria aber kann diese Wunder durch ihre *Fürbitte* erreichen.

Maria und das Charisma der Heilung

Niemand im Laufe der Geschichte hatte das Charisma der Heilung so stark und ausgeprägt wie Maria. Dieses Charisma zeigt sich vor allem an bestimmten bevorzugten Orten, wie in den Marienheiligtümern der ganzen Welt. Auch heute abend werden wir beim Gebet für die Kranken Maria um ihre Fürsprache bitten. Eine Unzahl von Heilungen sind auf die Fürbitte von Maria in Lourdes, in Fatima, in Mexiko und in vielen anderen Heiligtümern geschehen. Aber beachten wir nochmals: *Es ist nicht Maria, die heilt; sie ist die Fürsprecherin,* damit Heilungen geschehen. Eines Tages, so erzählten mir die Seher in Medjugorje, gab es besonders viele Kranke in der Kirche. Eine der Seherinnen hat Maria während der Erscheinung gefragt: „Kannst du Kranke heilen? Es sind so viele Kranke in der Kirche." Maria hat geantwortet: „Nein, ich kann nicht heilen, Gott allein kann es. Ich werde Jesus, meinen Sohn, bitten, Eure Kranken zu heilen." Die Seher sahen, wie Maria ihre Hände faltete und still betete. Es gibt Zeugnisse dafür, daß während dieser Erscheinung der Gottesmutter viele Heilungen geschehen sind. Ja, *Maria hat eine wunderbare Gabe der Fürbitte,* denn sie ist die Mutter Jesu. Ihr Charisma der Heilung setzt sich fort in unseren Gebetsgruppen und in unseren Familien. Wieviele Mütter könnten jetzt zum Mikrophon kommen und Zeugnis dafür ablegen, daß ihr krankes Kind geheilt wurde, weil sie Maria um ihre Fürbitte angerufen haben.

Eines Tages kam eine Frau zu unserem Pfarrhaus, damit wir für sie beten, denn sie war schwer asthmakrank. Sie hatte all ihr Vermögen aufgeopfert, um diese Reise finanzieren zu können. Aber als sie ihr Ziel erreicht hatte, war ich gerade in einer anderen Stadt, um dort zu predigen. Die arme Frau war sehr enttäuscht. Schließlich ging sie in unsere Kirche, die der Jungfrau vom Rosenkranz geweiht ist. Dort, vor einer großen Statue der Rosenkranzkönigin, der Patronin unserer Pfarre, kniete sie nieder und betete: „Pater Tardif ist nicht hier. Bitte du für mich!" Dann begann sie, ihren Rosenkranz zu beten. Als sie ungefähr den halben Rosenkranz gebetet hatte, spürte sie in ihrer Brust eine starke Wärme. Sie wußte nicht, wie ihr geschah, setzte sich nieder und betete ihren Rosenkranz zu Ende. Als sie heimkehrte, konnte sie feststellen, daß sie von ihrem Asthma befreit war. Später hat sie Zeugnis über ihre Heilung abgelegt und bekannt, sie habe nie mehr wieder einen Asthmaanfall gehabt. Damals sagte ich zu meinen Pfarrangehörigen: „Manche Kranke gehen sehr weit, um Menschen mit der Gabe der Heilung zu finden, haben aber vergessen, daß Maria dieses Charisma in ganz außergewöhnlichem Maße besitzt."

Maria und das Charisma der Fürbitte

Manche unserer protestantischen Brüder verstehen die *Macht der Fürbitte Mariens* nicht. In meiner Pfarre war ein protestantischer Mitbruder, mit dem ich mich sehr gut verstand. Aber immer, wenn wir über Maria sprachen, waren wir unterschiedlicher Meinung. Er wolle lieber direkt mit Gott sprechen, sagte er, nicht aber über Maria. Zur Untermauerung seiner Überzeugung zitierte er das Wort des Heiligen Paulus: „Einer ist Gott, Einer auch Mittler zwischen Gott und den Menschen: der Mensch Christus Jesus." (1 Tim 2,5) Ich antwortete: „Das ist richtig; *Jesus tritt vor Gott für uns ein. Maria aber tritt bei ihrem Sohn für uns ein.*" Dennoch blieb mein Mitbruder bei seiner Ansicht, lieber direkt mit Gott zu sprechen.

Eines Tages wurde mein Freund, der Pastor, krank. Ich ging zu ihm, um ihn zu besuchen. Wir plauderten miteinander, und ehe ich ging, bat er mich, für ihn ein kleines Gebet zu sprechen, denn er fühle sich sehr schlecht. „Ich!?", antwortete ich, „wende dich doch direkt an Gott! Du hast gesagt, Maria kann nicht für dich beten; wie kann dann erst ein armer Sünder wie ich für dich beten? Bitte Gott doch direkt!" Wir haben ein bißchen gespaßt; im Grunde genommen aber ist es doch wirklich sonderbar, daß er Maria nicht als Fürsprecherin annehmen wollte, aber um ein Gebet von mir bat.

Glücklicherweise gibt es immer mehr protestantische Brüder, die die mächtige Fürsprache Mariens entdecken. So zum Beispiel Mutter Basilea Schlink, die ein wunderbares Zeugnis darüber abgibt. Es ist doch ganz selbstverständlich, daß Maria eine ganz besondere Macht bei ihrem Sohn hat, sie ist seine Mutter, und sie erreicht viel. Ich erinnere mich an eine Anekdote, die uns das noch verständlicher machen wird:

Eines Tages wollte sich der Präsident eines Landes ein schönes Landhaus in den Bergen erbauen lassen. Deshalb schrieb er einen Architekten-Wettbewerb aus. Sein Nachbar, der Architekt war, zeichnete ein schönes Projekt und schickte diesen Plan durch seinen fünfjährigen Sohn zum Haus des Präsidenten. Der Präsident und seine Frau fanden den Plan sehr gut. Als Zeichen des Dankes gab der Präsident dem Buben eine Kleinigkeit und sagte: „Ich werde mit deinem Vater über das Weitere sprechen." Die Gattin jedoch rief den Kleinen zu sich, ging mit ihm zu ihrem Safe und sagte: „Ich möchte dir auch ein Geschenk geben. Nimm mit deinen Händen so viel Geld, wie du tragen kannst!" Der Kleine aber antwortete: „Nimm du es für mich, deine Hände sind größer!" So kann Maria für uns mehr von den Schätzen Gottes austeilen, als wir allein zu empfangen imstande sind. Sie hat viel mehr Macht bei Jesus als wir und erreicht für uns wunderbare Segnungen.

Maria und das Charisma des Sprachengebetes

In der Apostelgeschichte lesen wir, daß Maria auch das Sprachengebet – das Charisma, im Heiligen Geist zu beten, – erhalten hat. Wie der Heilige Lukas berichtet, war sie im Abendmahlsaal mit den Aposteln beisammen. Als einzige Person nennt sie Lukas namentlich. Und als der Heilige Geist über sie kam, begannen alle „in fremden Sprachen zu reden!" (Lk 2,4) **Alle** – *das heißt auch Maria.* Sie sagte nicht: „Das Charisma des Sprachengebetes nehme ich nicht an, denn was ich da rede, verstehe ich nicht." Wenn Maria dieses Charisma hatte, so können es auch wir ohne Furcht annehmen.

Maria und das Charisma der Evangelisation

Wir können noch ein Charisma im Leben Mariens feststellen: das Charisma der Evangelisation. Papst Paul VI. sagte in seinem Dokument über die Evangelisation: Maria ist der Stern unserer Evangelisation. *Stern der Evangelisation* – das heißt, sie ist die beste Evangelistin. Sie ist wie der Stern, der die Weisen aus dem Morgenland geleitet hat, damit sie Jesus finden konnten. Maria führt uns zu Jesus.

Als Maria in Kana sagte: „Tut, was er euch sagt", hat sie uns eingeladen, alles zu tun, was im Evangelium steht. In allen ihren Erscheinungen erinnert uns Maria an das Evangelium Jesu. Sie kommt nicht, um neue Dinge zu lehren. Vielmehr liest sie uns das Evangelium neu vor, denn wir vergessen es so gern. In Lourdes und Fatima hat sie eindringlich gebeten, für die Bekehrung der Welt zu beten.

In einer ihrer Botschaften hat sie gesagt: „Wenn die Menschen wüßten, wie die Ewigkeit ist, würden sie ihr Leben sofort ändern." Mit diesen Worten hat sie nur die Lehre Jesu wiederholt, der gesagt hat: „Was nützt es einem Menschen, wenn er die ganze Welt gewinnt, dabei aber sein Leben einbüßt?" (Mk 8,36)

Auch in Medjugorje erinnnert uns Maria durch ganz einfache Botschaften an das Evangelium. Sie hat uns gebeten, untereinander und mit Gott Frieden zu schließen. Sie hat uns gebeten, zum Sakrament der Versöhnung – zur monatlichen Beichte – zurückzukehren, denn dann würden viele Menschen geheilt. Sie hat uns eingeladen, für den Weltfrieden zu beten und zu fasten. Genau das lesen wir im Evangelium, wenn Jesus sagt: „Diese Art kann nur durch Gebet ausgetrieben werden." (Mk 9,29) Es scheint, daß der Geist des Hasses in die Familien so wie in die Völker eindringen will, um alle zu zerstören.

Es sind bereits vierzehn Millionen Gläubige in Medjugorje gewesen, um Maria um ihre Fürsprache als Friedenskönigin anzurufen. Millionen von Christen beten und fasten für den Weltfrieden – und wir sehen schon die Resultate. Maria hat in einer Prophetie in Fatima gesagt: „Rußland wird sich bekehren!" Und dies geschieht bereits. Was Maria, gedrängt durch den Heiligen Geist, prophetisch gesprochen hat, setzt Jesus in die Tat um.

So lade ich euch ein, in diesem wunderbaren Marienheiligtum unserer Himmelskönigin großen Beifall zu zollen! Lob und Preis sei dir Jesus für deine Mutter, die du uns gegeben hast. Vom Kreuz herunter hast du gesprochen: „Siehe, deine Mutter!" (Joh 19,27) Ehre sei dir Maria, denn du bist die Tochter des Vaters, die Mutter des Sohnes und die Braut des Heiligen Geistes!

Maria in den Gebetsgruppen

Vergeßt nicht, in euren Gebetsgruppen auch Maria anzurufen! Einmal hat mir jemand gesagt: „In unseren Gebetsgruppen loben wir Gott, Maria loben wir nicht!" Ich antwortete: „Lies doch im Evangelium nach, welchen Lobpreis der Engel Maria dargebracht hat, als er sprach:

„Sei gegrüßt, du Begnadete, der Herr ist mit dir." (Luk 1,28) *Du Begnadete – ist das nicht ein wunderbarer Lobpreis?* Und ist es nicht ein Lobpreis, wenn der Engel sagt: „Der Herr ist mit dir."? Wir dürfen und sollen Maria in unseren Gebetsgruppen loben, ihr danken und sie bitten. Alle charismatischen Gruppen mögen auf Maria schauen, denn *sie ist das Modell des charismatischen Lebens*. Habt keine Angst davor, euer Vertrauen auf Maria zu setzen! Anstatt mit jenen zu streiten, die Maria nicht anerkennen wollen, sollen wir ihnen die Macht ihre Fürbitte bei ihrem Sohn verständlich machen.

8. Gebetsgruppen – Gebetsgemeinschaften

Praktische Ratschläge für Gebetsgruppen

Niemand in der Kirche von heute hat die Gebetsgruppen erfunden. Wenn sich Gebetsgruppen bilden, geschieht eigentlich dasselbe wie in der Urkirche, als sich die Christen versammelten. Im ersten Brief an die Korinther erteilt der Heilige Paulus einige ganz praktische Ratschläge für die Kirche von damals. Natürlich gilt dies auch für heute. Paulus schreibt: „Was soll also geschehen, Brüder? Wenn ihr zusammenkommt, trägt jeder etwas bei; einer einen Psalm, ein anderer eine Lehre, der dritte eine Offenbarung; einer redet in Zungen, und ein anderer deutet es. Alles geschehe so, daß es aufbaut. Wenn man in Zungen reden will, so sollen es nur zwei tun, höchstens drei, und zwar einer nach dem anderen; dann soll einer es auslegen. Wenn aber niemand es auslegen kann, soll auch keiner von der Gemeinde so reden. Er soll es für sich selber tun und vor Gott. Auch zwei oder drei Propheten sollen zu Wort kommen; die anderen sollen urteilen. Wenn aber einem anderen Anwesenden eine Offenbarung zuteil wird, soll der erste schweigen; einer nach dem andern könnt ihr alle prophetisch reden. So lernen alle etwas, und alle werden ermutigt. Die Äußerung prophetischer Eingebungen ist nämlich dem Willen der Propheten unterworfen. Denn Gott ist nicht ein Gott der Unordnung, sondern ein Gott des Friedens." (1 Kor 14,26-33)
Diese Worte des Heiligen Paulus sind richtungweisend für die Gebetsgruppen von damals wie von heute. In den Gebetsgruppen geschieht nichts Neues. Auch heute kommen die Gebetsgruppen so wie damals in der Ur-

kirche einmal pro Woche zusammen. Es ist eine wahre Quelle des Segens, an einer solchen Gebetsgruppe teilzuhaben. Nur das Gebet in der Familie, wo Vater, Mutter und Kinder zusammen niederknien und gemeinsam beten, ist in den Augen Gottes noch schöner. Ein Sprichwort lautet: Die Familie, die zusammen betet, bleibt auch zusammen!

Das Gemeinschaftsgebet ist für uns alle von höchster Wichtigkeit. Natürlich haben wir die Sonntagsliturgie; aber es helfen uns auch die Gebetsgruppen, im Glauben zu wachsen. Oft besteht eine Gruppe nur aus zwölf bis achtzehn Personen. Manche Gruppen haben bis zu zweihundert Mitglieder. Aber es erscheint uns wichtig, daß eher mehr kleinere Gebetsgruppen entstehen. Sind in einer Gruppe fünfzig Personen, so ist es besser, aus ihr drei Gruppen zu bilden. Haben sich in einer Pfarre mehrere Gebetsgruppen von etwa zwanzig Personen gebildet, dann ist es sehr gut, wenn sich einmal im Monat alle diese Gruppen versammeln, um zur Einheit zusammenzufinden.

Nach meiner Heilung habe ich selbst in meiner Pfarre, einer Stadt mit 25.000 Einwohnern, solch eine kleine Gruppe gegründet. Es begann im Juli 1974, und die Gruppe wuchs so stark, daß die Kirche allmählich überfüllt war. Nun, da unsere Kirche zu klein geworden war, mußten wir diese Gruppe teilen. Wir bildeten zwölf kleinere Gruppen, die sich alle am gleichen Wochentag in den Familien trafen. Wir wählten den gleichen Gebetstag deshalb, damit die sogenannten charismatischen Touristen, die gewissermaßen Gruppenhüpfer sind, nicht einmal da und einmal dort hingehen. Mit den Leitern wird am Vorabend des Gebetstreffens eine Lehre vorbereitet. Am Gebetsabend wird überall die gleiche

Lehre zur Evangelisation erteilt. So sind all diese kleinen Gruppen Evangelisationsgruppen geworden.

Die Früchte sind beachtlich: Eine der schönsten Früchte sind die zahlreichen Priesterberufe, die aus diesen Gruppen hervorgehen. Auch Jugendgruppen haben sich gebildet, die manchmal singend und betrachtend die ganze Nacht durchbeten. Oft kommt es zu einer echten Begegnung dieser jungen Menschen mit dem Herrn, und sie übergeben ihm ihr Leben.

Der Ablauf eines Gebetsabends

Ich möchte Ihnen gern erzählen, wie sich so ein Treffen abspielt. Ich werde Ihnen aber kein Rezept, sondern nur eine Anregung geben. Ein Gebetsabend besteht bei uns aus drei Teilen und soll nicht länger als zwei Stunden dauern. Wir wollen die Leute ja nicht überfordern, denn sonst kommen sie nicht mehr.

Erster Teil

Den ersten Teil des Gebetsabends beginnen wir mit *Gesang*, damit wir in eine feierliche Stimmung versetzt werden. Hierauf hält der Verantwortliche der Gruppen eine *Lehre*, die eine halbe Stunde nicht überschreiten soll. Dann folgen eine Viertelstunde *Lobpreis* und eine Viertelstunde *Danksagung*.

Ein Wort zum Unterschied zwischen *Lobpreis* und *Danksagung*: Wir *loben* Gott für das, was er ist, und wir *danken* ihm für das, was er tut. Wir sagen zum Beispiel: „Sei gepriesen, Herr Jesus für deine unendliche Barmherzigkeit!" – „Wir loben dich Gott, weil du unser Schöpfer bist!" – „Gepriesen seist du Herr Jesus, weil du der gute Hirt bist!" – „Gepriesen seist du Herr Jesus, weil du der Weg und die Wahrheit bist!"

Außer dem dreifaltigen Gott können wir natürlich auch der Heiligen Jungfrau ein Lobgebet widmen. Wir loben Maria für das, was sie für uns ist. Wir sagen zum Beispiel: „Wir loben dich, Mutter Gottes, weil du die Mutter der Kirche bist!"

Wer neu in eine Gebetsgruppe kommt, weiß oft noch gar nicht, wie man ein Lobgebet spricht. So sagte zum Beispiel einmal eine Frau: „Ich lobe dich Herr, damit du jetzt mein Kind heilst." Aber das ist kein Lob, sondern eine Bitte. Viele Leute sind daran gewöhnt, nur Bittgebete zu sprechen. Wir sind jedoch keine Bettler! Man soll die Gebete nicht in einen Topf werfen, sondern unterscheiden, denn sonst erhalten wir ein *Gebets-Ragout!* Wenn wir bei einer Gebetsform bleiben, dann wird dieses Gebet auch vertieft.

Das schönste Gebet, das wir sprechen können, ist zweifellos der *Lobpreis*, denn ihn werden wir eine ganze Ewigkeit singen. Deshalb müssen wir uns schon jetzt darauf vorbereiten!

Auch *Danksagungsgebete*, die nach dem Lobpreis ihren Platz haben, sind leicht zu sprechen. Es gib viele Anlässe, um ein Dankgebet zu sprechen. In einem weisen Spruch heißt es: Ich weinte, weil ich keine Schuhe hatte, bis ich eines Tages jemanden fand, der keine Beine hatte. Zwei Beine sind doch wichtiger als ein Paar Schuhe. Ähnliches können wir alle erfahren, und so werden wir lernen, Gott für alles zu danken, was wir haben. Die Dankgebete sollen aber kurz sein.

Manchmal will eine Person gewissermaßen alle Gebete an sich reißen und die anderen gar nicht mehr zu Wort kommen lassen. Dieser Person muß man sagen: „Laß doch auch die anderen einmal beten!" Es soll doch jeder an der Gemeinschaft teilhaben.

Zweiter Teil

Inzwischen ist gut eine Stunde vergangen; nun soll Gelegenheit geboten werden, daß sich alle in die Gruppe einbringen und ihre Sorgen miteinander *austauschen* können. Für diesen *Austausch* stehen zwanzig Minuten zur Verfügung. Dies ist sehr wichtig, damit die Gruppe zu einer brüderlichen Gemeinschaft werden kann. Manche sagen oft: Beten wir lieber mehr, als daß wir soviel reden. Aber sie vergessen, daß die Gebetsgruppe eigentlich dazu berufen ist, eine *brüderliche Gemeinschaft* zu werden.

In diesem zweiten Teil des Abends haben die Teilnehmer Gelegenheit, Gott für das Gute, das sie erfahren haben, zu danken und *Zeugnis* darüber abzulegen. Ein Zeugnis soll nicht länger als drei Minuten dauern.

Dritter Teil

Der dritte Teil des Abends ist den *Fürbitten* gewidmet. Diese Reihenfolge hat einen besonderen Sinn. Die Apostel sagten einst zu Jesus: „Herr, lehre uns beten..." (Lk 11,1) Als ihnen Jesus auf ihre Bitte hin das Vater unser lehrte, begann er mit dem Lobpreis: „Geheiligt werde dein Name!" Die Bitte, wo es heißt: „Gib uns heute unser tägliches Brot!", steht gegen Ende des Gebetes. So kommen auch in den Gebetsgruppen die *Bittgebete erst nach den Dankgebeten!*

Ganz ähnlich verhält es sich mit dem Ave Maria. Sei gegrüßt Maria – das ist ein Lobpreis. Erst am Ende sagen wir: „Heilige Maria, Mutter Gottes, bitte für uns Sünder..." Die Bitte steht erst am Ende.

Dieser dritte Teil ist eigentlich der leichteste Teil, weil

jeder etwas erbitten möchte. Wenn jemand ein besonderes Anliegen hat, dann beten wir für ihn.

Charismen in den Gebetsgruppen

Natürlich wird in den Gruppen auch Raum dafür gegeben, die Charismen auszuüben. Manchmal beginnen wir inmitten des Lobpreises in Sprachen zu singen. Während dieses *Sprachensingens* erhält oft jemand eine *Prophetie* oder ein *Wort der Erkenntnis*. Selbstverständlich wird auch für Kranke gebetet, und oft werden Kranke durch das Gebet geheilt.

Einige Zahlen

Ich möchte noch kurz erwähnen, wie es bei uns in Santo Domingo aussieht. Wir haben jetzt bei sechs Millionen Einwohnern bereits 2.500 Gebetsgruppen. Aber es gibt Länder, wo es noch besser ist. Ein typisches Beispiel ist Südkorea. Dort gibt es schon über 10.000 charismatische Gebetsgruppen. In Mexiko weiß man gar nicht, wieviel tausend Gebetsgruppen existieren. Alle Wochen entstehen neue. Diese Gebetsgemeinschaften werden zu brüderlichen Gemeinschaften. Immer wenn *Leben-im-Heiligen-Geist-Seminare* angeboten werden, entstehen neue Gebetsgruppen. Wir erleben auch immer wieder, daß in diesen Gebetsgruppen Charismen zutage treten. Wie ich schon ausführte, dienen die Charismen dazu, die Gemeinschaft aufzubauen. So wünsche ich Ihnen allen, daß Sie an einer Gebetsgruppe teilnehmen und so den Strom von Gottes Gnade erfahren können. Ich wünsche, daß es eines Tages in Linz Hunderte von Gebetsgruppen gibt!

9. Worte an die Jugend

Ich möchte euch alle sehr herzlich begrüßen! Wie freue ich mich, daß der heutige Vormittag dem Treffen mit der Jugend gewidmet ist. Denn ohne die Jugend kann die Kirche nicht weiterleben. Ich möchte zu euch von einer Person sprechen, die ihr sehr schätzt und liebt – von *Jesus*. Ich weiß, daß ihr deshalb gekommen seid. Jesus will auch hier unter euch seine Herrlichkeit zeigen. Er will jenen, die leiden, sein Mitleid erweisen. Und er will zeigen, daß er wirklich der Retter ist.

Der Herr ruft sein Volk

Zuerst möchte ich euch ein Erlebnis erzählen, das ich im Jahre 1975 hatte. Ich wurde gebeten, drei Monate lang den Pfarrer einer großen Pfarre zu vertreten. Ich nahm diese Einladung an, aber nur unter einer Bedingung: daß ich eine kleine Gebetsgruppe ins Leben rufen dürfe. Jener Pfarrer hat die Charismatische Bewegung weder gekannt noch geschätzt. Deshalb sagte er zu mir: „Wenn du eine Gebetsgruppe ins Leben rufen willst, na ja – bitte, aber daß dort Geistesgaben ausgeübt werden, will ich auf keinen Fall!" Ich antwortete ihm, daß nicht ich die Geistesgaben schenke, sondern der Heilige Geist. Und wenn Menschen aus seiner Pfarrei Geistesgaben erhielten, dann könne er mit dem Heiligen Geist darüber diskutieren, aber nicht mit mir.

Als ich meinen Dienst in dieser Pfarre angetreten hatte, lud ich die Pfarrangehörigen ein, mit mir über die Charismatische Erneuerung zu sprechen, damit sie sie kennenlernen. Ungefähr zweihundert Personen waren gekommen, um an diesem Gespräch teilzunehmen. Diese Menschen waren von einem solchen Glauben erfüllt, daß sie schon am ersten Abend einen Gelähmten mitbrachten. An diesem Abend sollte jedoch kein Heilungsgottesdienst stattfinden, es war nur ein Gespräch geplant. Aber die Menschen baten mich: „Pater Tardif, beten Sie doch für diesen Kranken! Wir haben ihn in einem Lieferwagen von weit her gebracht." So lud ich sie ein, mit mir zu beten, ehe ich den Vortrag begann. Während des Gebetes sah ich, daß der Kranke so stark schwitzte, daß ihm Schweißtropfen über das Gesicht liefen. Ich erinnerte mich dabei an meine eigene Heilung – auch ich spürte damals eine große Wärme in meinen Lungen. So sagte ich zu dem Kranken: „Der Herr ist dabei, dich zu heilen. Steh auf!" Ich nahm ihn bei der Hand, und er stand auf. Dann sagte ich zu ihm: „Im Namen Jesu, gehe! Der Herr heilt dich!" Der Mann begann zu gehen, und die Leute machten ihm Platz. Er ging unter großem Beifall der Menge bis zum Altar; ganz allein. Es war ein große Überraschung für alle, und als seine Freunde mit ihm heimfuhren, lag er nicht mehr auf seinem Bett, sondern saß vorne im Lieferwagen. Fünf Jahre war er gelähmt gewesen, weil er sich die Wirbelsäule gebrochen hatte. Am nächsten Tag brachten ihn seine Freunde zur Rundfunkstation, wo er mit viel Freude und Enthusiasmus Zeugnis gab.

Viele Menschen hörten dieses Zeugnis im Radio, so daß am nächsten Tag nicht nur unsere kleine Gebetsgruppe zusammenkam, sondern 3.000 Menschen herbeiströmten. Wegen der großen Anzahl von Menschen mußten wir auf die Straße gehen, wo wir unsere Lautsprecher aufstellten. Der Gelähmte gab neuerdings sein Zeugnis, dann begannen wir mit der Heiligen Messe. Während dieser Heiligen Messe heilte der Herr Mercedes, eine Frau, die seit zehn Jahren vollständig blind war. Ihre

Heilung war eine große Überraschung. Diese Frau war allen bekannt, denn sie lebte in diesem Dorf als Bettlerin. Sie ging in diesem Dorf, von ihrer Nichte geführt, von Tür zu Tür, um Almosen zu erbitten. Die Nachricht von ihrer Heilung hat sich rasch herumgesprochen. Die Heilung von Mercedes kam auch dem nationalen Fernsehen zu Ohren, und während der Abendnachrichten hat man über diese Frau, die zehn Jahre lang blind war, berichtet.

Zur dritten Zusammenkunft versammelten sich 7000 Menschen. So konnten wir auch nicht mehr auf der Straße bleiben, wir mußten unsere Versammlung im Stadtpark abhalten. In die Mitte des Parks stellten wir einen kleinen Tisch, um die Heilige Messe feiern zu können. In den Bäumen installierten wir die Lautsprecher. Die Geheilten, der gelähmte Mann und die blinde Frau, legten Zeugnis von ihrer Heilung ab. In der darauffolgenden Messe sprach ich nach der Heiligen Kommunion ein allgemeines Gebet über die Kranken. Einige Menschen fielen nieder – es war wie ein Hineinfallen in den Heiligen Geist. Schließlich waren ungefähr vierzig Menschen zu Boden gestürzt. Man hätte sagen können, eine Bombe war in die Versammlung gefallen. Ich kannte diese Phänomen noch nicht; erst später habe ich erfahren, daß wir dieses Phänomen *Ruhen im Heiligen Geist* nennen. Diejenigen, die in diesen Zustand gefallen waren, wurden geheilt; entweder körperlich oder innerlich. Unter den Geheilten befand sich auch die Tante des Bürgermeisters dieser Pfarrei. Sie war seit achtzehn Jahren vollständig taub gewesen. Am nächsten Tag ging diese Frau in ein kleines Geschäft, um dort ihre Einkäufe zu erledigen. Als sie das Geschäft betrat, sagte der Kaufmann zu seinem Gehilfen: „Jetzt kommt wieder die Taube; das wird schwierig werden." Doch die Frau erwiderte: „Nein, mein Herr, ich bin nicht mehr taub! Jesus hat mich gestern geheilt!" Der Mann war sehr überrascht. Natürlich erregte die Heilung dieser Frau, die achzehn Jahre lang taub war, auch allgemein Aufsehen.

Es dauerte nicht lange, bis sich die Polizisten bei ihrem Chef beschwerten, daß es durch die Versammlungen schwierig geworden war, den Verkehr zu kontrollieren. Doch der Chef der Polizei sagte: „Ich kann nichts tun, denn meine Frau ist dort geheilt worden." Der Herr hatte das gut vorbereitet!

Zu der vierten Versammlung hatte uns der Polizeichef zusätzlich achtzehn Polizisten geschickt, um den Verkehr zu kontrollieren. Es waren sicher 20.000 Personen gekommen, und ich mußte auf das Dach des Pfarrsaales steigen, um die Messe feiern zu können. Vom Dach aus predigte ich über das Wort Jesu: „... und was man euch ins Ohr flüstert, das verkündet von den Dächern." (Mt 10,27) Nun rief ich von meinem Dach: *Jesus lebt!"* Und Jesus zeigte wieder seine Macht und Herrlichkeit und heilte einige Kranke. Unter den Geheilten befand sich ein Polizist aus der Pfarre, der halbseitig gelähmt war. Von diesem Tag an hatten wir nicht nur den Polizeichef auf unserer Seite, sondern die ganze Polizei.

Nun kam die fünfte Versammlung. Ich dachte an meinen Pfarrer, der gesagt hatte, daß ich eine kleine Gebetsgruppe gründen dürfe, aber der nicht wollte, daß Geistesgaben ausgeübt werden. Was würde er sagen, wenn er wiederkommt? Die fünfte Versammlung war ganz außerordentlich. Die Polizisten schätzten die versammelten Menschen auf 50.000. Bis dahin war die Charismatische Erneuerung ganz unbekannt gewesen;

nun aber kamen die Leute mit Privatautos und Bussen, es kamen sogar Busse aus Puerto Rico. Unser Dorf war absolut nicht auf so eine große Menge vorbereitet – so gab es auch am Nachmittag nichts mehr zu essen. Trotz der Lautsprecher konnten nicht mehr alle hören, was gesagt wurde. Aber die Menschen feierten die Heilige Messe einfach aus dem Glauben heraus mit. Ein kleines Mädchen, das in einem Rollstuhl saß und so weit weg war, daß es gar nichts hörte, konnte plötzlich gehen. Es stand von seinem Rollstuhl auf und lief umher. Aus dem Dorf, wo dieses kleine gelähmte Mädchen lebte, waren dreizehn Lieferwagen gekommen, um an unserer Versammlung teilzunehmen.

Wir beschlossen nun, diese Menschen in Gebetsgruppen einzuladen. Ein Einkehrtag wurde organisiert, um die Katechisten dieser Pfarre auf die Arbeit in den Gebetsgruppen vorzubereiten. Zwei Wochen später haben 35 Gebetsgruppen in verschiedenen Dörfern ihre Arbeit begonnen.

Eines Abends fanden sich alle Verantwortlichen zusammen und fragten Jesus, was sie mit all diesen Leuten tun sollten. Während des Gebetes gab uns Jesus eine Botschaft in Sprachen, und er schenkte mir in meinem Herzen eine sehr klare Interpretation dieser Botschaft. Der Herr sagte zu mir: *„Evangelisiert mein Volk! Ich will ein Volk des Lobpreises!"* Jesus will, daß wir sein Volk evangelisieren; und deshalb schickte er uns so viele Menschen.

Mit Jesus, was sonst?

Damit viele Menschen Jesus kennenlernen, müssen wir ihn überall verkünden. Die Gebetsgruppen sind eine wunderbare Gelegenheit, Jesus im Gebet und im Lobpreis zu begegnen. Deshalb bitte ich euch, *alles zu unternehmen,* damit auch bei euch die Gebetsgruppen *möglichst zahlreich* werden.

In unserem Land gibt es inzwischen schon 2500 Gebetsgruppen. Viele von ihnen bestehen aus jungen Menschen. Diese versammeln sich vor allem am Samstag abend. Sie wollen nicht in Diskos oder Nachtklubs gehen, vielmehr wollen sie sich vor diesen Gefahren schützen. So kommen sie mit ihren Gitarren und Bibeln zusammen. Es ist erstaunlich, wieviele junge Menschen gerade das Charisma der Prophetie erhalten und die erhaltenen prophetischen Worte im Namen Jesu aussprechen. Viele Junge singen in Sprachen. Ich kenne einen achtjährigen Buben, der das Charisma der Heilung hat. Er besucht mit seinen Freunden kranke Kinder, betet über sie – und es gibt Heilungen.

Die Gebetsgruppen der Jugendlichen haben auch begonnen zu evangelisieren; sie veranstalten an den Wochenenden Einkehrtage für junge Menschen. Es ist wunderbar zu sehen, wie die Charismatische Erneuerung vor allem eine *Erneuerung für die Jugend* ist. Natürlich ist sie es ebenfalls für die alten Menschen; der Herr liebt ja auch die alten Menschen, er liebt sie sogar so sehr, daß er sie bald in den Himmel hinaufnehmen wird. Gerade deshalb aber braucht die Charismatische Erneuerung die jungen Menschen!

Es kommt auch immer wieder vor, daß einige junge Männer und Mädchen, die in den Gebetsgruppen zusammenkommen, entdecken, daß sie einander lieben und schließlich heiraten – das ist wirklich wunderbar! Ich bin immer froh, wenn ich eine Ehe von jungen Menschen segnen darf, die aus einer Gebetsgruppe kommen. Es gibt auch junge Männer, die in eine Gebetsgruppe gehen, damit sie dort ein Mädchen finden. Denn gerade in den Gebetsgruppen finden sich die liebenswürdigsten Mädchen, Mädchen, vor denen sie Achtung haben. So empfehlen wir den jungen Männern: „Wenn ihr eine gute Frau haben wollt, dann geht in die Gebetsgruppen. Vergeßt es nicht! Mädchen, die ihr in den Gebetsgruppen findet, sind viel vertrauenswürdiger als jene, die ihr in der Disko oder in einem Nachtklub findet."

Auf diese Weise erneuert der Herr auch das Sakrament der Ehe und die Ehen. Diese jungen Leute heiraten nicht nur auf dem Standesamt, sondern in der Kirche, wo sie das *Sakrament der Ehe* empfangen. Die jungen Menschen bereiten ihre Zukunft am besten vor, wenn sie miteinander beten und zusammen das Wort des Herrn lesen. Ich sage den Gruppen aber auch oft: „Es ist schön, wenn ihr euch in einer Gebetsgruppe kennenlernt und heiratet. Aber es geht nicht allein darum, sondern um mehr." Was ich sagen will, möchte ich an Hand einer Geschichte veranschaulichen:

Ein junger Mann wollte unbedingt das Fliegen erlernen. Eines Tages ging er an einer Buchhandlung vorbei und sah in einer Auslage ein altes Buch: Handbuch des Piloten. Er kaufte es und fand auf einem Bauernhof ein kleines Flugzeug, mit dem die Bauern ihre Felder bestellen. Der junge Mann bemerkte, daß bei einem dieser Flugzeuge der Startschlüssel steckte. Er war so begierig zu fliegen, daß er in das Flugzeug stieg. Er legte das Handbuch des Piloten neben sich und machte alles genauso, wie es dort beschrieben war. Das Flugzeug begann langsam zu rollen, der Abenteurer las dabei in seinem Handbuch weiter, und plötzlich hob das Flugzeug ab. Der Flugneuling war ganz verrückt vor Freude, und weil er immer wieder im Handbuch las, konnte er sogar eine Kurve drehen und immer schneller fliegen. Schließlich war er schon auf der letzten Seite des Handbuches angelangt, und da las er: „Alles, was Sie über das Landen wissen müssen, finden Sie im Zweiten Handbuch." Das Zweite Handbuch aber hatte er nicht gekauft. So könnt ihr euch die Katastrophe vorstellen.

Ähnlich geht es jungen Menschen, die heiraten, aber nie lernen *zu landen*. Es ist deshalb wichtig, daß ihr vor der Ehe Schwierigkeiten zu meistern lernt, so daß ihr *landen* könnt. Sonst könnte eure Ehe eine Katastrophe werden. So möchte ich euch ermutigen, in den Gruppen zusammenzukommen, nicht nur, um einander zu finden oder von Sport und Politik zu sprechen. Trachtet danach, Jesus in seinem Wort und im Gebet zu begegnen. Und bittet Jesus in eurem persönlichen Gebet oft darum, euch seinen Willen zu zeigen.

In den Gebetsgruppen finden wir auch immer wieder junge Menschen, die eine so lebhafte Begegnung mit Jesus haben, daß sie bereit sind, ihr ganzes Leben Jesus zu übergeben. Unser Bischof erklärt oft, daß viele junge Menschen aus charismatischen Gebetsgruppen in die Priesterseminare kommen. Seit unser Land von Christoph Columbus entdeckt wurde, hatten wir niemals soviele Berufungen junger Menschen in den Pristerseminaren und in den Noviziaten wie jetzt. Ich sage euch noch einmal: Die Gebetsgruppen sind eine Quelle der priesterlichen Berufungen, der Berufungen zum religiösen Leben und vor allem auch der Berufung zur Evangelisierung. Es ist genügt allerdings nicht, drei oder viermal an der Gebetsgruppe teilzunehmen, sondern *gemeinsam mit den anderen einen Weg zu gehen*.

Ihr wißt, daß es viele junge Menschen gibt, die ohne

Freude sind, weil sie Jesus nicht kennen. Es gibt viele Menschen, die wirklich leer in ihrem Herzen sind, und sie wollen diese Leere durch Drogen, Alkohol oder ein ungeordnetes oder ungezügeltes sexuelles Leben ersetzen. So ging es einem Mann, der jeden Abend trank und eines Tages gefragt wurde: „Warum trinkst du denn soviel?" Seine Antwort lautete: „Damit ertränke ich meine Sorgen!" „Bringt dir das etwas?" hieß die nächstge Frage. „Aber nein", antwortete jener Mann, „meine Sorgen können schwimmen."

Man kann seine Sorgen weder in einem Glas Alkohol ertränken, noch kann man von ihnen durch ein ungeordnetes sexuelles Leben frei werden. *Unsere Sorgen müssen wir Jesus übergeben.* Jesus hat gesagt: „Kommt alle zu mir, die ihr euch plagt und schwere Lasten zu tragen habt. Ich werde euch Ruhe verschaffen." (Mt 11,28) Jesus verzeiht unsere Sünden, und er gibt uns den Frieden. Er ist der Friedensfürst und der Herr über die Sünde. Je mehr und je tiefer wir ihm begegnen, umso glücklicher werden wir sein. Jesus will keine traurigen Jünger. Ein Sprichwort sagt: Ein Heiliger, der traurig ist, ist ein trauriger Heiliger. Der Herr will, daß wir fröhliche Heilige sind – frohe Zeugen seiner Auferstehung.

Strebt nach dem, was im Himmel ist!

Um im spirituellen Leben zu wachsen, müssen wir vier Schritte tun. Diese wollen wir jetzt betrachten. Im Kolosserbrief wird hiefür ganz eindeutig die Richtung angegeben. „Ihr seid mit Christus auferweckt; darum strebt nach dem, was im Himmel ist,...." (Kol 3,1) Wenn ihr Christus wirklich begegnet seid, dann richtet euren Sinn auf das Himmlische und nicht auf das, was hier auf Erden vor sich geht. Wir sind Pilger zu einem anderen Reich, wir befinden uns praktisch stets auf einer Pilgerreise. Das soll uns immer wieder vor Augen stehen. Wenn man zu sehr dem Irdischen anhängt, vergißt man leicht, daß diese irdische Reise eines Tages zu Ende ist. Deshalb sagt Paulus: Wenn ihr mit Christus auferstanden seid, dann denkt an das Himmlische und nicht an das Irdische.

Doch leider gibt es viele, die nicht an die Ewigkeit denken. Das ist eine Tragödie! Manche leben so, als könnten sie für immer hierbleiben. Sie wollen nicht wahrhaben, daß ihr Leben eines Tages enden wird. Wie traurig aber wäre es, wollte man mit leeren Händen vor Gott ankommen. Die Heilige Jungfrau hat in Fatima in einer Botschaft gesagt: Wüßten die Menschen, was die Ewigkeit bedeutet, sie würden ihr Leben sofort total ändern. Auch ihr würdet auf manches sogenannte irdische Glück verzichten, weil es ein höheres Glück gibt. In den Sprichwörtern heißt es einmal, daß es deshalb mit der Welt so schlecht gehe, weil nur sehr wenige Menschen wirklich in ihrem Herzen nachdenken. Es ist schön, daß ihr euch die Zeit genommen habt, jetzt einmal nachzudenken. Ihr seid nicht zum Tanz hierhergekommen oder um Drogen zu nehmen, sondern um

Jesus besser kennenzulernen. Ich kann euch dazu nur beglückwünschen, daß ihr euch Zeit für die Begegnung mit Jesus genommen habt. Vergeßt das mahnende Wort des Heiligen Paulus nicht: „Ihr seid mit Christus auferweckt; darum strebt nach dem, was im Himmel ist..."

Tötet, was irdisch an euch ist!

Den zweiten Schritt, den uns Paulus zeigt, um im Glauben zu wachsen, ist ein Schritt des Verzichtes: „Darum tötet, was irdisch an euch ist: die Unzucht, die Schamlosigkeit, die Leidenschaft, die bösen Begierden und die Habsucht, die ein Götzendienst ist." (Kol 3,5) Wenn du ein Jünger Jesu sein willst, dann nimm dein Kreuz auf dich und folge ihm. Dieses Kreuz, das du auf dich nehmen mußt, bedeutet, nach Gottes Geboten zu leben. Halte die Gebote, wenn du in das Himmelreich kommen willst! Es gibt auch solche, die, ohne die Gebote zu halten, in den Himmel kommen wollen. Aber einen anderen Weg als den, die Gebote zu halten, gibt es nicht. Denkt an die Mahnung des Heiligen Paulus: „... tötet, was irdisch an euch ist!" Die Begierden des Fleisches entfernen uns ganz vom spirituellen Leben. Aber wir dürfen nicht Sklaven unseres Leibes werden. Unser Wille und natürlich auch unsere Intelligenz sollen unser Leben bestimmen, nicht aber die Begierden des Körpers. Weiters sagt uns Paulus in seinem Brief an die Kolosser: „All das zieht den Zorn Gottes nach sich. Früher seid ihr auch darin gefangen gewesen und habt euer Leben davon beherrschen lassen. Jetzt aber sollt ihr das alles ablegen: Zorn, Wut, Bosheit; auch Lästerungen sollen nicht mehr über eure Lippen kommen." (Kol 3,6-8) Wie wunderbar wird uns durch diese Worte des Heiligen Paulus der Weg für unser geistliches Leben gewiesen! Wir sollen uns nicht zu sehr an die irdischen Dinge klammern, sondern auf Habsucht verzichten. Es ist doch wirklich traurig mitanzusehen, wieviele Menschen über den materiellen Dingen, denen sie anhängen, das Geistliche völlig vergessen.

Ich erinnere mich sehr deutlich an einen Mann, der auf dem Lande wohnte, und der des lieben Geldes wegen alles andere geopfert hatte. Sein einziges Ziel und sein einziger Ehrgeiz waren es, sich ein möglichst großes Bankkonto anzueignen, um einen ruhigen Lebensabend zu verbringen. Dem Geld zuliebe hatte er sogar am Sonntag gearbeitet. Mit siebzig Jahren wurde er sehr krank und begann, an einer fürchterlichen Depression zu leiden. Er verlor völlig die Herrschaft über sein Denken; so sehr, daß er eines Tages zu seiner Frau sagte: „Ich weiß, daß ich bald sterben muß. Aber wenn ich gestorben bin, dann möchte ich, daß du meinen Anteil am Geld in meinen Sarg legst." Diese gute Bauersfrau war über dieses Anliegen ihres Mannes sehr erstaunt, aber sie wollte mit ihrem Mann nicht diskutieren. Er war ja so krank. So antwortete sie: „Ja, ja."

Nach dem Tod des Mannes kam der älteste Sohn aus der Stadt zum Begräbnis. Bevor der Sargdeckel geschlossen wurde, rief ihn seine Mutter zu sich in das Zimmer und sagte: „Was hältst du eigentlich davon? Dein Vater hat mich fast schwören lassen, daß ich bei seinem Tod seinen Anteil an den Ersparnissen in den Sarg legen lasse." Auch der Sohn war natürlich über eine solche Bitte sehr überrascht, aber er war ein sehr intelligenter junger Mann und sagte: „Kein Problem! Ich werde das alles schon irgendwie richten!" Kurzentschlossen stellte er einen Scheck aus und legte ihn in den Sarg. Der Pfarrer dieser Gemeinde bestattete also den alten Mann mit seinem Scheck. Aber ich frage mich jetzt: Wo wird er diesen Scheck einlösen? Es liegt auf der Hand – diese Frage ist natürlich lächerlich.

Viele Menschen haben sich jedoch eine solche Lebensauffassung, die allein vom Materiellen diktiert wird, zu eigen gemacht. Deshalb passiert es auch bei wirtschaftlichen Fiaskos immer wieder, daß Menschen, denen das Geld alles bedeutete, den Revolver nehmen und ihrem Leben ein Ende machen.

Der Heilige Petrus sagt uns, daß wir nicht um Silber oder Gold losgekauft wurden, „sondern mit dem kostbaren Blut Christi..." (1 Petr 1,19)

Selbst wenn wir alles Materielle verlieren sollten, *entscheidend ist, daß wir unsere Seele retten.* Jesus sagt uns das klar im Evangelium: „Was nützt es einem Menschen, wenn er die ganze Welt gewinnt, aber an seiner Seele Schaden leidet?" (Mk 8,36)

Der Materialismus ist wirklich eine der ganz großen Gefahren, denen wir ausgesetzt sind; er verblendet uns einfach.

Es gibt Kranke, die blutarm sind, weil sie nicht richtig essen. Genauso gibt es Menschen, die im geistlichen Leben stagnieren; sie wachsen nicht mehr weiter. So eine spirituelle Armut kommt bei Christen zustande, wenn sie sich nicht vom Wort Gottes nähren. Wenn Versuchungen kommen, fehlt ihnen die Kraft, zu widerstehen. Sie lassen sich einfach hinreißen. Deshalb erleben wir so häufig, daß Christen ihren Glauben verlieren. *Es ist notwendig, den Glauben, den wir empfangen haben, zu nähren.* Versucht daher, bitte, *jeden Tag eine Stelle aus der Heiligen Schrift zu lesen.* Ich nehme an, ihr besitzt alle eine Heilige Schrift. Ein Christ, der das Wort Gottes nicht immer bei sich hat, gleicht einem Feuerwehrmann, der einen Brand ohne Wasser löschen soll. Für Christen, die sich nicht immer wieder geistlich am Worte Gottes und im Heiligen Sakrament nähren, kommt der Moment, wo sie zur Sünde nicht nein sagen können, denn sie haben keine Kraft mehr dazu. Nehmt daher die Mahnung des Heiligen Paulus ernst und verzichtet auf alles Böse! Das ist natürlich ein ewiger Kampf, der ein Leben lang andauert. Jesus aber sagt: „...wer bis zum Ende standhaft bleibt, der wird gerettet." (Mk 13,13)

Ihr wißt, daß niemand gern von der Hölle redet, aber man muß auch wissen, daß Jesus in den Evangelien *fünfzigmal* von der Hölle spricht. Wenn er das tut, so deshalb, um uns hellhörig zu machen.

Eines Tages sagte die Heilige Jungfrau bei einer Erscheinung in Medjugorje zu den Sehern: „Heute abend will ich euch wirklich helfen, eurem Leben die wahre Richtung zu geben, damit ihr nicht vergeßt, aus dem Glauben heraus zu leben."

Die Seher sahen die Heilige Jungfrau in ihrer herrlichen Gestalt direkt vor sich, und dann zeigte ihnen die Muttergottes auf der Mauer des Erscheinungszimmers etwas Ähnliches wie einen Film. Sie sahen sehr viele Menschen mit gesenktem Haupt dahinmarschieren. Die Jungfrau erklärte nun dieses Bild und sagte: „Das ist ein Bild für das Fegefeuer."

Maria zeigte auch ein Bild für die Hölle und erklärte: „Die Hölle ist das Reich des Hasses. In der Hölle gibt es keine Liebe mehr. Die Verdammten hassen Gott, und sie hassen einander. Würde es dort Liebe geben, wäre es nicht mehr die Hölle." Als die Seher diese Bilder sahen, rief eine der Seherinnen aus: „Ich werde keine Todsünde begehen!"

Die Seher durften auch einen Blick in den Himmel werfen und wurden dabei in den Zustand einer so überströmenden, unbeschreiblichen Freude versetzt, daß man sich dafür die Worte des Heiligen Paulus ausleihen muß, um dadurch den Himmel auch nur zu erahnen: „... kein Auge hat es gesehen und kein Ohr hat es gehört, was Gott denen bereitet hat, die ihn lieben." (vgl. 1 Kor 2,9)

Würde man die Ewigkeit kennen, wie sehr würde man sein eigenes Leben ändern! Daher rät uns Paulus, uns von all dem zu lösen, was uns vom Himmel fernhält. Und dies ist nicht ohne Verzicht und Kreuz möglich. Jesus ist gekommen, um sein Kreuz aus Liebe zu uns zu tragen.

Von einem Heiligen wird erzählt, daß er einmal einen Traum hatte. In diesem Traum begegnete er Jesus und sagte zu ihm: „Das Kreuz, Herr, das du mir gegeben hast, kann ich einfach nicht mehr tragen." Dieser Heilige wurde verfolgt und mußte Entsetzliches erdulden. Daher sagte er weiter zum Herrn: „Herr, nimm dieses Kreuz von mir weg!" Jesus antwortete: „Ja, es ist gut; ich werde dir dafür ein anderes Kreuz geben, aber irgendein Kreuz mußt du tragen." Dann führte ihn Jesus zu einem Vorraum des Himmels, wo es Tausende Kreuze zu sehen gab. Das waren die Kreuze, die von den Heiligen, die bereits in den Himmel gekommen waren, zurückgelassen worden waren. Jetzt sagte Jesus zu dem Heiligen: „Du siehst, hier gibt es viele Kreuze. Suche dir jenes aus, das dir am besten zusagt. Eines aber mußt du haben." Er ging mit Jesus umher, schaute sich alles an, und plötzlich sah er auf dem Boden ein kleines goldenes Kreuz. „Das will ich haben", sagte der Heilige. Aber als er es aufheben wollte, vermochte er es nicht – es war das Kreuz eines Bischofs! So ging er weiter, um ein Kreuz zu finden, das leichter war. Schließlich fand er eines; aber als er sich das Kreuz auf die Schulter legen wollte, merkte er, daß er damit überhaupt nicht mehr gehen konnte – so groß war es. Der Herr sagte zu ihm: „Suchen wir weiter!" Der Heilige sah sich Tausende von Kreuzen in diesem Vorhof des Himmels an, bis er schließlich eines entdeckte, von dem er sagte: „Dieses hier, das kann ich jetzt wirklich tragen." Er legte es sich auf die Schulter und siehe – mit ein bißchen Anstrengung konnte er es tatsächlich tragen. Da fing Jesus zu lachen an und sagte: „Das ist ja das Kreuz, das du auf Erden hinter dir gelassen hast; dies ist dein eigenes Kreuz!" Dann erwachte der Heilige.

Der Herr gibt uns das Kreuz, das wir tragen können. Und er möchte, daß wir ihm nachfolgen, wenn wir unser Kreuz tragen. Es ist viel leichter, das Kreuz zu tragen, wenn Jesus dabei ist. Diejenigen, die ohne Jesus leiden, haben es viel schwerer als gläubige Christen. Paul Claudel, der berühmte französische Dichter, hat einmal gesagt: „Jesus ist nicht gekommen, um uns vom Leid zu befreien, auch nicht, um uns das Leiden zu erklären; er ist gekommen, um in unseren Leiden gegenwärtig zu sein."

Bekleidet euch mit aufrichtigem Erbarmen

Der Heilige Paulus zeigt uns dann den dritten Schritt, den es zu tun gilt: „Ihr seid von Gott geliebt, seid seine auserwählten Heiligen. Darum bekleidet euch mit aufrichtigem Erbarmen, mit Güte, Demut, Milde, Geduld." (Kol 3,12)

Um ein guter Christ zu werden, genügt es nicht, einfach auf die Sünde zu verzichten. Es bedarf dessen mehr:

Unser Herz muß dem Herzen Jesu ähnlich werden! Deshalb ruft uns Paulus zu: Bekleidet euch mit aufrichtigem Erbarmen! Jesus lädt uns ein, sein demütiges und sanftes Herz nachzuahmen. Er sagt zu uns: „Lernt von mir!" Jesus fordert uns auf, die beiden großen Tugenden nachzuahmen: *Demut* und *Sanftmut.* Wenn uns dies gelingt, dann wachsen wir in unserem geistlichen Leben, denn diese beiden Tugenden ermöglichen es uns, wirklich die Caritas – die Nächstenliebe – zu leben. Die Demut vervollkommnet uns in unserer Beziehung zu Gott, die Sanftmut in unserem Umgang mit den Mitmenschen.

Dann sagt Paulus weiter: „Ertragt euch gegenseitig, und vergebt einander, wenn einer dem andern etwas vorzuwerfen hat. Wie der Herr euch vergeben habt, so vergebt auch ihr!" (Kol 3,13) Es ist ja so wichtig, einander zu vergeben!

Ich erinnere mich an ein Ehepaar, das eines Tages seine Goldene Hochzeit feierte. Das waren wirklich sehr gute Menschen; niemals hat sie jemand miteinander streiten gesehen. Da bat einer bei der Festtafel: „Man hat euch niemals miteinander streiten gesehen; gebt uns doch euer Rezept!" Der alte Mann erhob sich und sagte: „Das will ich euch gern verraten. Als wir Hochzeit feierten, faßten wir folgenden Entschluß: Wenn ich am Abend nach Hause komme und meine Frau sieht, daß ich schlecht gelaunt bin, geht sie in das Nebenzimmer; wenn ich nach Hause komme und feststelle, daß sie schlecht aufgelegt ist, dann gehe ich in die Garage. An diese Vereinbarung haben wir uns gehalten, und so habe ich die Hälfte meines Lebens in der Garage verbracht."

Das war natürlich keine gute Lösung! Der Herr zeigt uns einen viel einfacheren Weg: *Demut* und *Sanftmut* zu üben. Wenn ihr einmal heiratet, dann erinnert euch daran und praktiziert diese beiden Tugenden, die Jesus so sehr liebt, auch wirklich! Wie schön sind Familien, wo Vater und Mutter immer bereit sind, einander zu vergeben und miteinander zu reden. *Das Familienleben ist dann glücklich, wenn gebetet wird und Jesus anwesend ist.* Dort aber, wo dauernd nur gestritten wird, wird das Leben in der Familie zur Hölle. Ich bin überzeugt, daß niemand von euch heiraten will, nur um dann womöglich in der Hölle zu leben. Benützt also die Mittel, die der Herr uns gibt, um glücklich zu leben.

Jemand hat einmal gesagt, wir sollen überall im Leben die Spuren Gottes suchen. Darauf meinte ein anderer: „Ich finde die Spuren Gottes in meinem kleinen Hund. Wenn ich nach Hause komme, dann läuft er mir schon voll Freude entgegen. Sieht mich aber meine Frau, dann beginnt sie sofort zu keifen." Vielleicht sagt man in Österreich, daß nicht die Frauen keifen, sondern die Männer. Aber weder Männer noch Frauen sind zum Keifen geschaffen, sondern um zu lieben.

In manchen Familien muß man mitansehen, wie hart die Eltern ihre Kinder behandeln, und wie sie darunter leiden. Woanders wieder leiden die Eltern, weil sie von den Kindern schlecht behandelt werden.

Wir wollen heute Jesus ganz innig darum bitten, die verwundeten Herzen all derer zu heilen, die hier sind. Denn oft sind es die seelischen Verwundungen des Herzens, die die eigentliche Wurzel für Traurigkeit, Depression und dergleichen bilden. Daher sagt Paulus dann weiter im Kolosserbrief: „Vor allem aber liebt einander, denn die Liebe ist das Band, das alles zusammenhält und vollkommen macht. In eurem Herzen herrsche der Friede Christi; dazu seid ihr berufen. (Kol 3,14-15)

Alles zum Lob des Herrn!

Der vierte Schritt besteht darin, alles zum Ruhme des Herrn zu tun. Ich zitiere weitere Worte von Paulus: „Das Wort Christi wohne mit seinem ganzen Reichtum bei euch. Belehrt und ermahnt einander in aller Weisheit! Singt Gott in eurem Herzen Psalmen, Hymnen und Lieder, wie sie der Geist eingibt, denn ihr seid in Gottes Gnade. Alles was ihr in Worten und Werken tut, geschehe im Namen Jesu, des Herrn. Durch ihn dankt Gott dem Vater!" (Kol 3,16-17)

Wenn ihr euch der Gegenwart Jesu in eurem Leben immer mehr bewußt werdet, werden gewisse Dinge in eurem Leben nicht mehr passieren. Man will zum Beispiel dort, wo Gott nicht gegenwärtig ist, nicht mehr hingehen. Lebe ich bewußt in der Gegenwart Gottes, so werde ich nicht etwas tun, was Gott nicht gefällt. Wenn man mit Gott durchs Leben geht, dann tut man alles mit Freude, auch wenn es schwer ist.

Allmählich gelingt es, alles zur Ehre des Herrn zu tun. In der Erneuerung habe ich jedoch auch feststellen müssen, daß manche Leute eine gewisse übertriebene Redensart haben. Sie sind so froh darüber, dem Herrn begegnet zu sein, daß sie die ganze Zeit nur mehr sagen: „Preis dem Herrn! Preis dem Herrn!" Natürlich wollen wir alles zur Ehre des Herrn tun, aber das heißt doch nicht, daß wir stets ausrufen müssen: „Preis dem Herrn!"

Die Geschichte vom *charismatischen Pferd* wird klarmachen, was ich sagen möchte:

Da gab es jemanden, der sich ein kleines Pferd gekauft hatte. Er wählte es aus mehreren Pferden aus, die zum Kauf angeboten worden waren, denn es war sehr schön. Als er das Pferd bestieg, sagte er: „Los!" Aber das Pferd blieb bewegungslos stehen. Deshalb fragte er den Verkäufer: „Was ist denn da los? Das Pferd will nicht gehen!" Der Verkäufer antwortete: „Ich habe ganz vergessen, dir zu sagen, daß dies kein normales Pferd ist, sondern ein charismatisches Pferd. Wir haben es nicht so gezähmt wie andere Pferde. Um es in Trab zu setzen, muß man immer sagen: 'Preis dem Herrn!' Erst dann beginnt es zu gehen. Wenn man es zum Stehen bringen will, muß man 'Amen' sagen. Daran haben wir es gewöhnt."

Der Käufer praktizierte dies, und es funktionierte wirklich. Je öfter er sagte: „Preis dem Herrn!", umso mehr setzte sich das Pferdchen in Trab. Schließlich fing es an, zu gallopieren, und immer wieder sagte der Reiter: „Preis dem Herrn! Preis dem Herrn!" So kamen sie plötzlich an den Rand eines Abgrundes. Da überfiel den Reiter große Angst, und er dachte nach, was er jetzt sagen müsse, um das Pferd zum Stehen zu bringen. Gott sei Dank erinnerte er sich plötzlich an den richtigen Befehl. Schnell rief er daher: „Amen!" Und knapp vor dem Abgrund blieb das Pferd stehen. Voll Freude darüber, sein Leben gerettet zu haben, rief er laut: „Preis dem Herrn!" Das Pferd gehorchte und sprang in den Abgrund.

Ich möchte euch warnen, nicht auch in den Abgrund zu stürzen. Natürlich müssen wir alles zur Ehre Gottes tun, aber übertreiben wir nicht! Wenn wir immer und überall den Herrn preisen, dann ist das nicht mehr echt.
Ich rate euch, öfters die Verse 1-17 aus dem dritten Kapitel des Kolosserbriefes zu meditieren. Es wird euch im geistlichen Wachstum enorm helfen.

Vier Schritte im Geistlichen Leben – Zusammenfassung

Am Ende möchte ich sehen, ob ich gute Schüler habe. Was gibt uns der Heilige Paulus als *ersten Schritt* für das geistliche Wachstum an? – Seinen Sinn auf das Himmlische zu richten!

Worin besteht der *zweite Schritt*? – Auf alles zu verzichten, was schlecht ist! Aber nicht nur zwei Stunden, sondern ein Leben lang. Verzichtet auf all das, was euch um die Freundschaft mit Gott bringen kann. Wenn die Menschen wüßten, was die Ewigkeit ist, sie würden ihr Leben ändern! Natürlich geht es ohne materielle Dinge bei uns im Leben nicht. Wir müssen zum Beispiel irgendwo wohnen. Wir sind Kinder Gottes, aber wir leben hier auf Erden, und Gott ist ja der Gott des Himmels und der Erde. Wir können nicht wie Tiere leben, aber die Gefahr liegt darin, daß wir uns oft zu sehr an materiellen Dingen festkrallen. Wieviele verwenden sehr viel Zeit dafür, um ihr Auto zu reinigen, an die Reinigung ihrer Seele denken sie aber nicht. Ich konnte hier in Linz feststellen, daß es eine äußerst saubere Stadt ist. Wenn die Menschen hier um die Reinigung ihrer Seele genauso bemüht sind wie um ihre Stadt, dann müßten sie eigentlich in ihrem geistlichen Leben schon sehr weit sein. Es soll auch Frauen geben, die am Morgen weit mehr Zeit für ihre Toilette aufwenden als für das Gebet. Ist es nicht merkwürdig, daß viele sagen: Für mein geistliches Leben habe ich nicht genug Zeit. Wir alle haben aber gleich viel Zeit, vierundzwanzig Stunden pro Tag. Wie wir jedoch diese Stunden einteilen, das liegt an uns. Wenn ich dem geistlichen Leben den Vorrang gebe, dann richte ich es mir so ein, daß ich nicht dem Fernsehen den Vorzug gebe, sondern Zeit zum Gebet finde. Es genügt aber nicht, auf das Schlechte zu verzichten, um Christ zu sein.

Es bedarf des *dritten Schrittes*: Wir müssen uns mit den Tugenden Jesu Christi bekleiden und in unsere Herzen die Gesinnung des Herzens Jesu einfließen lassen. Dann werden wir zu echten Jüngern Jesu.

Schließlich müssen wir den *vierten Schritt* setzen: Alles zur Ehre Gottes tun! Deshalb wollen wir jetzt mit einem kurzen Gebet schließen, um den Herrn zu bitten, daß ihr es wirklich fertig bringt, ein christliches Leben zu führen:

SCHLUSSGEBET FÜR DIE JUGEND

Herr, wir danken dir dafür, daß du uns heute früh zusammengeführt hast und uns Gelegenheit gabst, von dir zu reden. Dir, Herr, will ich all diese jungen Menschen anempfehlen.
Herr, du kennst jeden einzelnen von ihnen, alle sind Schafe deiner Herde, und du bist ihr guter Hirte. Lege deinen Segen auf jeden Jugendlichen!
Heile alle inneren Verletzungen und die Wunden ihrer Herzen! Heile alle Verwundungen, die durch Streit und Unverstandensein aufbrachen! Heile die Ursache ihrer Traurigkeit und Aggressivität von den Wurzeln her!
Heile sie alle, o Herr! Wir bitten dich darum in der Kraft deiner heiligen Wunden.
Gib ihnen ein neues Herz und erfülle sie mit deinem Heiligen Geist! Schenke ihnen eine neue Ausgießung deines Heiligen Geistes! Herr,

nimm Wohnung in ihnen und gib ihnen eine
neue Freude am Gebet!
Laß sie dein Wort – das Wort Gottes –
auskosten und gib, daß sie in allem zuerst das
Reich Gottes, das Reich deiner Gerechtigkeit,
suchen. Schenk ihnen die Gewißheit, daß du
ihnen alles übrige geben wirst.
Und dich, Heilige Jungfrau, wollen wir an
deinem Rosenkranzfest grüßen, wie es einst
der Engel getan hat:
Gegrüßet seist du, Maria, voll der Gnade. Der
Herr ist mit dir. Du bist gebenedeit unter den
Frauen, und gebenedeit ist die Frucht
deines Leibes, Jesus.
Heilige Maria, Mutter Gottes, bitte für uns Sün-
der jetzt und in der Stunde unseres Todes.
Amen.
Der Segen des Herrn und der Geist Gottes
bleibe für immer bei euch. Amen, Halleluja!

10. Worte an die Priester

Die Bedeutung der Charismatischen Erneuerung für die Priesterberufe

Das Amt des Priesters und die Berufung zum Priestertum ist ein wichtiges Anliegen der Charismatischen Erneuerung. Es bedeutet einen großen Trost für uns, daß viele Priester aus Gebetsgruppen kommen. Als ich im Jahre 1965 in der Dominikanischen Republik zu arbeiten begann, war das Land Missionsgebiet. Es gab bei sechs Millionen Einwohnern nur sechzig Seminaristen im ganzen Land. Jetzt aber gibt es bei uns bereits 297 Seminaristen. Das ist ein großer Segen für unser Land. Für Österreich sind 297 Seminaristen vielleicht keine große Zahl, für uns aber schon. Natürlich sagt es den Bischöfen in der Dominikanischen Rebuplik sehr zu, daß die Berufungen in stetem Ansteigen begriffen sind. Der Erzbischof ging der Frage nach, woher die Berufungen kommen. Seine Untersuchung ergab, daß die Mehrzahl der Berufenen aus Gebetsgruppen stammt. Das war eine große Freude für uns. Diese zahlreichen Berufungen sind die großen Früchte unserer Gebete.

Es ist daher die Frage berechtigt, warum gerade in Ländern wie der Dominikanischen Republik die Berufungen so stark zunehmen. Manche meinen, daß der Priesterberuf in einem so armen Land für den Betreffenden einen sozialen Aufstieg bedeute. Aber dieses Argument zählt nicht, denn vor 20 Jahren war das Land noch ärmer, und da gab es fast gar keine Seminaristen.

In der Dominikanischen Republik gibt es 2.500 Gebetsgruppen. Durch sie erfolgt eine spirituelle Erneuerung, die vor allem junge Menschen erfaßt. Für uns, das kann ich sagen, ist die Charismatische Erneuerung ein großes Geschenk. Auch in anderen Ländern ist es so. In Frankreich kommt ein Drittel der Seminaristen aus den Gebetsgruppen der Erneuerung. Dies zeigt, daß wir eine besondere Pastoral brauchen, um Berufungen zu wecken. Die *beste Pastoral* ist jene, die zu einer *lebendigen Begegnung mit Jesus* führt. So kann ich nur wiederholen: Die Erneuerung im Heiligen Geist ist eine Chance für die Kirche und die gesamte Welt! Da die meisten von Ihnen aber bereits aus der Charismatischen Erneuerung kommen, will ich an diesem Abend Ihre Fragen beantworten.

Welchen Stellenwert hat Maria?

Maria ist die Braut des Heiligen Geistes. Sie ist im Hinblick auf die Annahme des Heiligen Geistes Vorbild der Kirche. Da wir in unseren Gebetsgruppen immer wieder zu der Mutter Gottes beten, ist es praktisch unmöglich, die Gebetsgruppen ökumenisch zu gestalten. Die Sekten in Lateinamerika wollen von der Mutter Gottes nichts hören. Mit den Gruppen, die aus den großen protestantischen Kirchen kommen, ist es jedoch schon möglich, über Maria zu sprechen oder miteinander zu ihr zu beten. Mit den Anhängern der Sekten geht dies leider nicht. Sie kritisieren die Marienverehrung, und weil kein Dialog möglich ist, verlassen sie einfach die katholische Gebetsgruppe.

Wenn man sein Herz Gott und dem Heiligen Geist öffnet, steigt damit nicht auch die Gefahr, sich auch anderen Kräften zu öffnen?

Wenn wir dem Heiligen Geist gegenüber wirklich offen sind, wird uns dieser sofort erkennen lassen, wo okkulte Kräfte am Werk sind. In meiner Tätigkeit als Missionar mußte ich nie einen Exorzismus ausüben. Erst nach meiner persönlichen Geisterneuerung übernahm ich auch diese Aufgabe, weil mir erst dann bewußt wurde, daß dies in manchen Fällen notwendig ist. Die Ausübung von Charismen ist nicht immer angenehm, aber oft notwendig. Wenn ich ein Befreiungsgebet spreche, ohne vorher den Herrn um Schutz gebeten zu haben, so kann dies sehr negative Auswirkungen auf mich haben. Aber nicht deshalb, weil ich mich dem Heiligen Geist geöffnet habe, sondern weil ich unvorsichtig war.

Wie stehen Sie zum Zölibat der Priester?

Der große Schritt in Richtung auf ständige Diakone wird von einem weiteren Schritt begleitet werden. Wahrscheinlich wird die Kirche immer mehr ständige Diakone zu Priestern weihen. Viele Missionare in Lateinamerika, aber auch Bischöfe, haben diese Hoffnung. Eines Tages wird die Kirche ständige Diakone, die verheiratet sind, zu Priestern weihen. Diese Priester werden auch echte *Zeugen* sein.

Ich glaube nicht, daß die Kirche den Zölibat als solchen aufheben wird. Auch der *Zölibat ist ein Charisma*, und diejenigen, die dieses Charisma haben, sollen es auch leben.

Welche Stellung sollen die Orden der Charismatische Erneuerung gegenüber einnehmen?

Die Geisterneuerung ist sicherlich eine Chance, sie ist aber keine Verpflichtung. In allen religiösen Gemeinschaften gibt es solche, die die Impulse der Charismatischen Erneuerung in ihr Ordensleben aufnehmen wollen, andere wieder wollen von der Charismatische Erneuerung gar nichts wissen. Anfangs, als ich Zugang zur Erneuerung fand, rieten mir viele meiner Mitbrüder davon ab, mich auf sie einzulassen. Sie meinten, man würde mich als Charismatiker vielleicht noch auslachen. Jetzt aber, wo es mit meinem Dienst innerhalb der Charismatischen Erneuerung so gut läuft, sagt mein Provinzial sogar zu mir: „Es ist doch wirklich schade, daß man nicht mehr davon spricht, daß du unser Mitbruder bist." Sehen Sie, so ändert sich alles.

Ich glaube, wenn die verschiedenen Gemeinschaften allmählich sehen, welche *Früchte* die Erneuerung hervorbringt, werden sie sich immer mehr dafür öffnen. Das heißt aber nicht, daß man ihnen die Erneuerung aufdrängen soll. So darf man zum Beispiel Besinnungstage für Priester, die auf Diözesanebene organisiert werden, niemals ausschließlich mit charismatischen Elementen gestalten.

Wie kann die Charismatische Erneuerung in einer Pfarre Fuß fassen?

Genauso wie für die Ordensoberen ist es auch für den Pfarrer unmöglich, die Gläubigen in die Charismatische Erneuerung oder in eine Gebetsgruppe zu drängen. Die besten Resultate erwachsen dort, wo in einer Pfarre *Leben-im-Heiligen-Geist-Seminare* angeboten werden. Das spricht die Leute an.

In meiner Pfarre machen wir es so: Wir halten im Jahr drei Einführungsseminare und ein Vertiefungsseminar. Ein Einführungsseminar dauert sieben Wochen; nach dem Seminar werden die Teilnehmer eingeladen, einer Gebetsgruppe beizutreten. Jenen, die bereits ein Einführungsseminar absolviert haben, bieten wir jedes Jahr ein Seminar zur Glaubensvertiefung an. Es werden dabei zum Beispiel die sieben Sakramente, die Seligpreisungen oder andere biblische Themen behandelt. Dabei bereiten die Leiter der Gebetsgruppen die Lehre selbst vor. Gegebenenfalls können sich diese mit dem Pfarrer absprechen.

Wie lange soll man um Heilung beten?

Grundsätzlich lädt uns der Herr ein, mit allen Leidenden Mitleid zu haben. Eine Art dieses Mitleides besteht darin, für die Leidenden zu beten. Aber ich glaube, es wäre sinnlos, Jahre hindurch besonders nur für einen Kranken zu beten. Ich glaube nicht, daß der Herr das von uns will. Ich habe auch schon mehrere Male für einen bestimmten Kranken gebetet, aber dann übergebe ich ihn ganz Jesus. Den Kranken, die trotz mehrmaligen Gebetes nicht geheilt werden, sage ich immer: Vielleicht hat der Herr einen *anderen Plan* für dich, du mußt seinen Willen akzeptieren. Schließlich gibt es auch eine definitive Heilung für jeden, aber erst im Ewigen Leben!

Welche Erfahrungen haben Sie mit Jugendgebetsgruppen?

Es gibt viele Gebetsgruppen, die nur aus jungen Menschen bestehen. Die Jugend will unter ihresgleichen sein. Diese Erfahrung habe ich schon oft gemacht. Andererseits sind Jugendgruppen labiler und schwieriger zu halten als die der Erwachsenen. Der Besuch der Schule oder der Universität oder ein häufigerer Wechsel der Arbeitsplätze verursachen eine größere Fluktuation als bei den Erwachsenen. Dennoch ist es trotz aller Labilität wichtig, immer wieder von neuem mit den jungen Menschen zu arbeiten, denn letzten Endes wird die

Jugend dadurch wesentlich geformt. Im übrigen gibt es sehr viele Gruppen, die wirklich sehr gut laufen und reiche Früchte bringen.

Soll man Seminare im Orden halten?

Bei uns haben viele Ordensgemeinschaften ein Seminar gemacht und die Geistausgießung empfangen. Eigentlich habe ich die besten Erfahrungen mit den in Orden gehaltenen Seminaren gemacht. Ganz besonders möchte ich die Karmelitinnen hervorheben.

Eines Tages jedoch hatte eine Oberin Schwierigkeiten und sagte zu mir: „Wir haben unsere eigene Spiritualität, wir brauchen keine andere." Darauf antwortete ich: „Ja, Sie haben recht, aber *es geht* in der Charismatischen Erneuerung *nicht um eine neue Spiritualität,* sondern nur um *die Erneurung Ihrer Spiritualität im Heiligen Geist!*" Das wurde akzeptiert und hat reiche Früchte getragen.

Ich erfahre immer wieder, daß Schwestern gern an Seminaren oder Einkehrtagen der Charismatischen Erneuerung teilnehmen, um so ihre Spiritualität zu erneuern. Wenn auch Laien mit dabei sind, ist es noch vorteilhafter, als wenn man die Schwestern unter sich läßt.

Sollen auch Bischöfe um die Geistausgießung beten?

Zu dieser Frage möchte ich eine kleine Geschichte erzählen:

Zwei Seminaristen besuchten gemeinsam ein *Leben-im-Heiligen-Geist-Seminar.* Nach der Geistausgießung änderten sie ihr Gebetsleben grundlegend. Sie dachten, daß sie ihre Erfahrungen dem Bischof mitteilen sollten, und sie taten dies auch. Sie erzählten von der tiefen

Freude, die sie durch die Geistausgießung erfahren haben. Schließlich sagte einer der Theologen zum Bischof: „Die Geistausgießung ist wunderbar, Herr Bischof, sie sollten auch darum bitten!" Der Bischof aber belehrte sie: „Ich habe den Heiligen Geist schon mehrfach bekommen; bei meiner Taufe, bei der Firmung und schießlich, als ich geweiht wurde." Darauf erwiderte der zweite Theologe: „Herr Bischof, gerade weil sie den Heiligen Geist schon so oft empfangen haben, gestatten Sie uns, daß wir Ihnen jetzt die Hände auflegen, damit er sich auch zeigt!"

Was dieser Seminarist über den Bischof sagte, gilt für die meisten Christen. Wir alle haben den Heiligen Geist empfangen, aber merkt man es auch? Oft lassen wir ihn nicht wirken! Wenn wir aber dem Heiligen Geist unser Leben übergeben, um ihn wirken zu lassen, dann wird sich das auch zeigen!

Die erste Frucht des Heiligen Geistes ist immer die Liebe und die Freude! Daher frägt man sich natürlich mit Recht, ob in traurigen Priestern und Bischöfen wirklich der Heilige Geist wirkt.

Muß man bei der Geistausgießung die Sprachengabe erhalten?

Ob jemand die Geistausgießung erhalten hat, erkennt man daran, daß er eine neue Freude am Gebet gefunden hat und gern in der Heiligen Schrift das Wort Gottes studiert. Der Heilige Geist verteilt die Charismen ganz unterschiedlich. Man kann nicht sagen, daß sich die Geistausgießung in Form bestimmter Charismen zeigt. Jede Art von Charisma, das jemand erhält, ist eine Folge der Ausgießung des Geistes. *Das Sprachengebet ist nicht zwangsläufig mit der Geistausgießung gekop-*

pelt und muß nicht die erste Gabe sein! Ich, zum Beispiel, habe die Gabe der Heilung vor der Gabe des Sprachengebetes empfangen.

Soll man bei jedem Seminar um Geistausgießung beten?

Mir wurde gesagt, daß im deutschen Sprachraum die Ausübung der Charismen blockiert wird. Oft fehlt am Ende der *Leben-im-Heiligen-Geist-Seminare* das Gebet um die Ausgießung des Heiligen Geistes. Dies kann man natürlich nicht akzeptieren, denn die Ausgießung dient dem Glauben aller. Wir müssen das Wort des Heiligen Paulus ernst nehmen, der sagt: „Löscht den Geist nicht aus!" (1 Thess 5,19)

Warum gibt es so wenige Priester in der Erneuerung?

Wenn es in der Erneuerung wenige Priester gibt, so ist dies sicher auch der Wille Gottes. Wären alle Priester von Anfang an in die Charismatische Erneuerung gekommen, dann hätten wir schon so viele *Strukturen,* daß man damit den Heiligen Geist in vierundzwanzig Stunden töten könnte.

Es gibt wohl einige Priester in der Erneuerung, aber es kommen auch die Laien zum Zug! Dann können die Charismen hervorbrechen! Die Priester aber mit ihren Strukturen sind sehr schwierig.

Vor dem Konzil haben sehr wenige Priester die Charismen ausgeübt, obwohl sie in der Urkirche eine Kraft für die Evangelisierung waren. Papst Johannes XXIII. ließ zwar um ein neues Pfingsten beten, aber es wurde bisher immer wieder in Frage gestellt.

War Ihre Krankheit ausschlaggebend dafür, daß Sie in die Charismatische Erneuerung gekommen sind?

Ja, Das stimmt! Die meisten Priester, die in der Erneuerung sind, werden durch ein besonderes Ereignis in die Erneuerung geführt. In meinem Fall war dies eben die Erkrankung; bei anderen ist es vielleicht eine innere Verletzung oder dergleichen.

Ist es wichtig, von seiner Heilung Zeugnis zu geben?

Ja, das ist sehr wichtig! Wir sollen die Menschen immer wieder dazu auffordern, von ihrer Heilung Zeugnis zu geben!

Gibt es auch andere Heilungsangebote Gottes?

Alle *Sakramente*, die der Herr uns gegeben hat, sind *Mittel*, um den Kranken zu helfen und um ihre Heilung zu bitten. Der Herr gibt uns mehrere Mittel in die Hand, um sein Mitleid und seine Barmherzigkeit mit den Kranken erfahrbar zu machen. So ist auch das Gebet um Heilung von inneren Verletzungen sehr wirksam. Wir müssen zum Herrn beten, daß die Menschen an der Wurzel ihrer inneren Verletzungen geheilt werden. Auch davon sollen die Menschen Zeugnis geben.

ABSCHLIEßENDES GEBET FÜR DIE PRIESTER

Herr Jesus!
Heute abend kommen wir zu dir und flehen
dich an: Gib auch uns jene Kraft von oben, die
du den Aposteln gegeben hast, damit wir gute

Werkzeuge für den Aufbau deines Reiches wer-
den. Herr Jesus, schenke jedem, der hier anwe-
send ist, eine neue Ausgießung deines Heiligen

Geistes!

Komm, Heiliger Geist! Gib uns ein neues Herz,
gib uns einen neuen Geist!
Heiliger Geist, komm und schenke uns neue
Freude am Gebet, neue Freude für das Aus-
kosten deines Göttlichen Wortes! Komm, Heili-
ger Geist und schenke uns alle Charismen, die
wir für unseren Dienst benötigen. Gib mehre-
ren von uns die Gabe der Heilung, damit die
Kranken zur Ehre Gottes geheilt werden.
Gib uns die Gabe der Unterscheidung der
Geister, damit wir dein Volk nach deinem
Willen führen können.
Komm, Heiliger Geist, und erwecke unter uns
gute Evangelisten, die mit deiner Macht das
Evangelium verkünden. Laß die Verkündigung
deines Wortes glaubwürdig sein! Begleite des-
halb das Wort, das wir in deinem Namen ver-
künden, auch mit Zeichen und Wundern.
Wir bitten auch für jene unter uns, die an Ver-
letzungen physischer oder seelischer Art leiden.
Du, Herr Jesus, bist die Auferstehung und das
Leben, du bist die Gesundheit für die Kranken.

*Du hast gesagt: „Kommt alle zu mir, die ihr
mühselig und beladen seid, kommt alle zu
mir!" Heute Herr, wollen wir deine Verheißung
ernst nehmen.*

*Wir bitten dich, heile die im Herzen Verwunde-
ten und erfülle uns alle mit deinem Frieden
und deiner Freude!*

*Wir bitten dich, entfache in uns neu das Cha-
risma unserer Priesterberufung. Übernimm in
der Kraft des Heiligen Geistes die Führung unseres gesamten Lebens und mache uns zu
lebendigen Zeugen deiner Gegenwart in der
Kirche!*

*Übernimm schließlich auch die Führung über
unsere Zunge und unsere Sprache, damit wir
deine Herrlichkeit mit Macht verkünden!*

Amen.

11. Durch seine Wunden sind wir geheilt!

Jesus, Sieger über Sünde und Tod

Heute, am 7. Oktober 1990, dem Tag des Rosenkranz-festes, feiern wir die Heilige Messe zusammen mit unseren Kranken. Wir werden Maria bitten, sich mit uns im Gebet zu vereinen, damit wir gemeinsam mit ihr für die Kranken beten. Maria war die erste, die die heil-bringenden Wunden Jesu betrachten durfte. Der Prophet Jesaja hat gesagt: „... er hat unsere Krankheit getragen und unsere Schmerzen auf sich geladen... durch seine Wunden sind wir geheilt." (Jes 53,4-5)

Jesus hört nicht auf, sein Volk zu heilen. Er ist gekommen, um unsere Sünden zu verzeihen. Der Engel, der Josef im Traum erschienen ist, sprach: „...das Kind, das sie erwartet... wird sein Volk von seinen Sünden erlösen." (Mat 1,20-22) Jesus befreit sein Volk von seinen Sünden, da er sein Blut am Kreuz vergießt.

Doch Jesus verzeiht unsere Sünden nicht nur, er gibt uns auch Zeichen seines Sieges über unsere Sünden. Ihr wißt, daß der Tod durch die Sünde Adams in die Welt gekommen und auf alle Menschen übergegangen ist. Auch das Wort, das Gott zu Adam gesprochen hat, betrifft uns alle: „...zum Staub mußt du zurück..." (Gen 3,19) Tod und Krankheit sind Folgen der Erbsünde, nicht der persönlichen Sünde. Und Jesus, der gekommen ist, um unsere Sünden zu verzeihen, hat während seines Lebens viele Zeichen zum Sieg über unsere Sünden gesetzt.

Als eines Tages ein Gelähmter auf einer Bahre zu Jesus gebracht wurde, sagte Jesus zuerst zu ihm: „...deine

Sünden sind dir vergeben!" (Mk 2,5) Da murrten viele Pharisäer in ihren Herzen und sagten: „Wie kann dieser Mensch so reden? Er lästert Gott. Wer kann Sünden vergeben außer dem einen Gott?" (Mk 2,7) Jesus aber, der ihre Herzen durchschaute, fragte sie: „Ist es leichter, zu dem Gelähmten zu sagen: Deine Sünden sind dir vergeben!, oder zu sagen: Steh auf, nimm deine Tragbahre und geh umher?" (Mk 2,9)

Jesus hat uns hier ein leuchtendes Wort über die Wichtigkeit der Heilung gesagt. Damit die Menschen erkennen, daß der Sohn Gottes die Macht hat, Sünden zu vergeben, sagt er: „Nimm dein Bett, steh auf und geh umher!" Und der Gelähmte stand auf und ging umher! Jesus gab uns dadurch ein Zeichen, daß er die Macht hat, Sünden zu vergeben. Er zerstört die Sünde bis in die letzte Konsequenz, er heilt Kranke und erweckt Tote. Er hat Lazarus aus dem Grab gerufen, den Sohn der Witwe aus Naim erweckt und ist selbst am Ostermorgen glorreich von den Toten auferstanden.

Er ist der Erstgeborene unter den Toten. Er ist auferstanden, um nie mehr zu sterben. In der Offenbarung heißt es, daß er den Schlüssel des Todes in seinen Händen hat. Jesus hat uns durch seine Auferstehung den Sieg über die Sünde bewiesen. Der Heilige Paulus kann daher sagen: „Ist aber Christus nicht auferweckt worden, dann ist unsere Verkündigung leer und euer Glaube sinnlos." (1 Kor 15,14) Wäre Jesus nicht auferstanden, dann könnten wir sagen, sein Sieg über die Sünde ist nicht vollständig. Aber er ist auferstanden, und er lebt! Er lebt mitten unter uns, und er fährt fort, unsere Sünden zu vergeben. Er fährt fort, uns freizumachen und uns zu heilen. Dafür ist er in die Welt gekommen. Er kam, um zu verzeihen, zu befreien und sein

Volk rein zu machen. Und jedesmal, wenn Jesus einen Kranken heilt, erinnert er uns an seinen Sieg über die Sünde. Wir sehen, daß der Heilungsdienst im Herzen des Evangeliums grundgelegt ist. Jesus sendet seine Apostel aus und sagt: „Geht und verkündet: Das Himmelreich ist nahe. Heilt Kranke..." (Mat 10,7-8)

Jesus verspricht, daß er die Verkündigung durch Zeichen bekräftigen wird: „In meinem Namen werden sie Dämonen austreiben; sie werden in neuen Sprachen reden;... und die Kranken, denen sie die Hände auflegen, werden gesund werden." (Mk 16,17-18) Das ist nicht ein unverbindlicher literarischer Text, sondern das lebendige Wort Gottes!

Leiden als Weg zum Heil

Jesus setzt Zeichen, indem er Kranke heilt und Menschen von bösen Geistern befreit. Christus heilt jedoch nicht alle Gebrechen und Krankheiten. Das ist aber nicht ein Zeichen mangelnder Liebe Gottes zu den Geknechteten. Jesus kann einen anderen Plan mit den Kranken haben. In seiner göttlichen Vorsehung bittet er sie, das Leid für das Heil der Welt aufzuopfern. Vereinen die Kranken ihr persönliches Leiden mit dem Leiden Jesu am Kreuz, dann erwächst Wertvolles daraus für das Heil der Welt. Zwischen dem Wert der Heilung und dem Wert der ergebungsvoll getragenen Krankheit muß das Gleichgewicht bewahrt bleiben.

Bei einem Heilungsgottesdienst fragte mich ein Teilnehmer: „Warum heilt Gott den einen und den andern neben ihm nicht?" Ich antwortete: „Das liegt im Geheimnis der Liebe Gottes. Aber es ist die erste Frage, die ich Gott stellen werde, wenn ich in den Himmel komme. Dann erst kann ich dir Antwort geben."

Es scheint, daß Jesus immer *nur einige Kranke heilt* und andere *um ihre Leiden bittet*. Allen aber schenkt er endgültige Heilung im Ewigen Leben, wo es keine Leiden mehr gibt. Ist es deshalb, so gesehen, nicht eigenartig, daß alle in den Himmel kommen wollen, aber niemand sterben will? Am Jüngsten Tag, dem Tag des Gerichts, wird der Tod endgültig besiegt. In der Zwischenzeit schenkt uns Jesus *Zeichen*, an denen wir erkennen, daß er *unsere Sünden verzeiht*.

Als ich vor einigen Wochen in Gibraltar predigte, heilte Jesus eine Frau, die seit sechs Jahren an den Rollstuhl gebunden war, vollkommen, so daß sie bei ihrem Rückflug den Rollstuhl in Gibraltar zurücklassen konnte. Auch mit dieser Heilung hat uns Jesus ein Zeichen seines Sieges über die Sünde gegeben. Es ist wichtig, daß wir die Heilung als ein *Zeichen* erkennen. Und ich wiederhole noch einmal: Wenn dich Jesus nicht heilt, dann nicht deshalb, weil er dich etwa weniger liebte!

Die Pläne Gottes

Wir dürfen Jesus nicht deshalb kritisieren, weil er nicht alle Kranken heilt. Jesu Wege sind nicht unsere Wege! Oft beten wir für einen Kranken, daß er geheilt wird; er wird aber nicht geheilt, weil Jesus einen anderen Plan mit ihm hat.

In meiner Pfarre waren zwei Frauen an Krebs erkrankt. Eine war eine gute Familienmutter, hatte sieben Kinder und war wegen ihrer pastoralen Tätigkeit in der Pfarre sehr geschätzt.

Die andere war eine Prostituierte der Stadt. Wir haben öfters für die Mutter gebetet und eine Heilige Messe für sie gefeiert. Jesus aber hat sie nicht geheilt, er hat sie zu sich in die Ewigkeit heimgeholt.

Die Prostituierte kam bloß einmal zum Heilungsgottesdienst, und Jesus heilte sie. Wir haben wirklich nichts mehr verstanden, und ich habe Jesus gefragt: „Warum hast du nicht die Mutter geheilt und die Prostituierte in den Himmel genommen?" Da kam mir das Bild eines Blumenbeetes in den Sinn, und ich dachte: Wenn ich vor einem Blumenbeet stehe, nehme ich die schönsten Blumen mit nach Hause. So hat Jesus die Mutter, diese wunderbare Blume, mitgenommen, um sie in das Haus des Vaters zu bringen.

Die Prostituierte jedoch war noch nicht bereit, in den Himmel einzugehen. Jesus aber hat sie geheilt! Durch ihre Heilung bekehrte sich diese Frau und widmete sich dann dem Apostolat unter den Prostituierten des Dorfes. Sie war über ihre Heilung und Bekehrung so glücklich, daß sie ein wahrer Apostel unter den Prostituierten wurde.

Eines Tages kam sie und sagte: „Pater, wir möchten jetzt für die Prostituierten des Dorfes einen Einkehrtag halten", und sie zeigte mir eine Liste von 47 Prostituierten, die daran teilnehmen wollten. So hielt ich einen Einkehrtag für die Prostituierten. Ich sprach vom Guten Hirten, der das verlorene Schaf sucht und auch vom verlorenen Sohn. Ich sagte ihnen: „Jesus ist nicht gekommen, die Welt zu richten, sondern damit sie durch ihn gerettet wird." (vgl. Joh 3,17) Niemals zuvor habe ich so viele Menschen weinen gesehen wie während dieses Einkehrtages. Und vielen wurde die Gnade der Umkehr geschenkt. Von den 47 Prostituierten gingen 27 zur Beichte und waren bereit, ihr bisheriges Leben aufzugeben. Zwanzig andere dachten daran, ihr Leben zu ändern.

Es gibt immer wieder Menschen, die Jesus zur Umkehr

ruft. Man darf mit der Umkehr nicht bis zum Tod warten. Heute sollen wir unser Herz dem Herzen Jesu öffnen!

Erst später habe ich verstanden, warum der Herr nicht die Familienmutter, sondern die Prostituierte, die ein wahrer Apostel unter den Prostituierten geworden ist, geheilt hat.

Erlösendes Leiden

Die Französin Martha Robin war fünfzig Jahre lang bettlägerig. Im Oktober 1930 hatte sie der Herr gefragt, ob sie bereit wäre, ihre Leiden für die Priester und für die Nonnen, die die Kirche verlassen haben, aufzuopfern. Martha Robin nahm diese Bitte des Herrn an. Daraufhin verbrachte sie, mit außergewöhnlichen mystischen Gaben gesegnet, fünfzig Jahre gelähmt in ihrem Bett.

Der Herr hat Martha Robin nicht geheilt, sondern sie gebeten, ihre Leiden aufzuopfern. Während dieser Zeit hat sie die Häuser der *Charité* mitbegründet – Häuser, die für die Einkehr zur Verfügung stehen und heute auf der ganzen Welt verbreitet sind. Sie horchte auf Jesus, und in seinem Auftrag bat sie Priester, diese Häuser zu gründen. Obwohl sie fünfzig Jahre gelähmt im Bett lag, war ihr Leben sehr fruchtbar.

Ich besuchte diese bemerkenswerte Frau im Jahre 1980 – sie war damals schon fast achzig Jahre alt – und ich durfte viel mit ihr sprechen. Wenn ich damals gesagt hätte: Ich will nun über dich beten, damit der Herr dich heilt!, dann hätte mich Martha Robin sicher vorwurfsvoll angeschaut und gesagt: Rede nicht so, denn der Herr hat mich um meine Leiden gebeten!

Hätte ich ihr aber gesagt: Der Herr kann dich nicht heilen, weil du keinen Glauben hast, dann wäre ich auch im Irrtum gewesen, denn Martha hatte einen außergewöhnlichen Glauben. Der Herr aber wollte das Leiden von Martha Robin, deshalb hat er sie nicht geheilt und im Februar 1981 wie eine Heilige zu sich gerufen. Dieses Beispiel soll uns den großen Wert des *erlösenden Leidens* zeigen.

Wie schön bist Du

Aber auch Heilungen als *Zeichen des Sieges Jesu über die Sünde* haben einen großen Wert. Als ich einmal in Zaire in Afrika im Freien predigte, kam, als ich gegen Ende der Heiligen Messe für die Kranken betete, ein kleines Mädchen zum Altar. Es war blind gewesen und schrie nun: „Ich sehe, ich sehe!" Die Menschen rund um das Kind riefen aufgeregt: „Das ist die kleine achtjährige Blindgeborene aus unserem Dorf!" Nachdem sich das kleine Mädchen beruhigt hatte, fragte es: „Wer ist meine Mama?", denn das Mädchen hatte noch nie seine Mutter gesehen. Da nahm sie eine Frau in die Arme und sagte: „Ich bin deine Mutter!" Die Kleine schaute ihre Mutter an und rief: „Wie schön du bist, Mama!"
Diese Begebenheit beeindruckte mich sehr. Dieses kleine Mädchen erinnerte mich an jene Menschen, die Jesus nicht kennen. Wenn sie jedoch die Gnade der Umkehr erhalten und Jesus persönlich kennenlernen, dann rufen sie voll Freude: „Wie schön bist du, Jesus! Wie groß bist du!"

In Jesu Namen ist Heil

Bitten wir Jesus heute abend, daß wir ihn erkennen und entdecken, daß er Macht hat, unsere Sünden zu vergeben. Bitten wir Jesus, daß er Kranke unter uns heilt. Bitten wir für jene um Kraft, die Jesus nicht heilt, weil er etwas Besseres in seinem Plan für sie vorgesehen hat. Bitten wir, daß sie nie den Mut verlieren und fähig werden, ihre Leiden mit den Leiden Jesu am Kreuz als heilendes und rettendes Mittel aufzuopfern. Beten wir auch für jene, die innerlich leiden; für jene, die im Herzen verletzt sind und für die, die ihrer Sünde wegen seelisch leiden. Bitten wir Jesus, daß er ihnen wahre Freude in das Herz lege und ihnen Verzeihung ihrer Schuld schenke.

Wir werden bezeugen, was Jesus in seiner großen Barmherzigkeit wirken wird. Jesus möchte über die große Menge, die heute hier versammelt ist, den Geist des Friedens und der Freude ausgießen und unseren Glauben stärken, damit wir wirklich daran glauben, daß *Jesus lebt* und wir mit dem Heiligen Petrus sprechen können: „... es ist uns Menschen kein anderer Name unter dem Himmel gegeben, durch den wir gerettet werden sollen." (Apg 4,12)

Jesus ist der Messias

Es gibt viele Menschen auf der Welt, die das Heil suchen, aber den Retter nicht kennen. Und viele suchen ihn auf falschen Wegen. Es gibt Menschen, die nicht an Jesus glauben und das Heil im Okkultismus oder in östlichen Sekten suchen. Andere meinen, ihr Heil in der Politik oder im Geld zu finden. Wieder andere suchen ihr Heil in der neuen Bewegung, die die ganze Welt durchläuft und NEW AGE heißt. Jesus aber bezeugt heute wie damals, daß er allein der Messias, der Retter ist.

Die Jünger des Johannes des Täufers kamen zu Jesus und fragten: „Bist du der, der kommen soll, oder müssen wir auf einen anderen warten?" (Lk 7,19) Jesus antwortete, indem er die Zeichen nannte, die der Prophet Jesaja bereits 700 Jahre vor der Geburt des Herrn angekündigt hatte. Zeichen sollten dem Volk Israel helfen, den Retter zu erkennen. Isaja sagte: „Dann werden die Augen der Blinden geöffnet, auch die Ohren der Tauben sind wieder offen. Dann springt der Lahme wie ein Hirsch, die Zunge des Stummen jauchzt auf." (Jes 35,5-6) So lautete die Antwort Jesu auf die Frage Johannes' des Täufers: „Geht und berichtet Johannes, was ihr hört und seht..." (Mat 11,4) Jesaja verkündete, daß die Blinden sehen werden, und Jesus sagte: „Blinde sehen wieder..." Jesaja kündigte an, daß die Tauben wieder hören werden, und Jesus sagte: „Taube hören..." Der Prophet verkündete, daß die Gelähmten springen werden und Jesus sagte: „... und Lahme gehen..."

Es ist, als wollte Jesus sagen: „Versteht doch, alle Zeichen, die der Prophet verkündet hatte, werden vor euren Augen wahr!"

Eine neue Evangelisation

Das große Zeichen, das Jesus gibt, damit sein Volk an den Messias glaubt, ist das *Evangelium*. Auch heute suchen noch viele nach dem wahren Messias. Jesus schenkt uns deshalb auch heute Zeichen und Wunder, damit wir erkennen, daß er der wahre Retter ist. Was wir heute brauchen, ist kein neues Evangelium, aber eine neue *Evangelisation!* Diese neue Evangelisation muß, wie Papst Johannes Paul II. gesagt hat, durch eine betende, vom Heiligen Geist angetriebene Kirche geschehen. Diese neue Evangelisation bricht nun überall auf!

Der Evangelisationsauftrag Jesu lautet: „Geht hinaus in die ganze Welt, und verkündet das Evangelium allen

Geschöpfen! Wer glaubt und sich taufen läßt, wird gerettet; wer aber nicht glaubt, wird verdammt werden." (Mk 16,15-16)

Wir sehen, wie wichtig der Glaube ist, denn der, der glaubt und getauft ist, wird gerettet, und der, der nicht glaubt, wird verdammt werden!

Jesus verlangt von uns, daß wir diese gute Nachricht in die Welt hinausrufen. Jesus hat uns niemals dazu aufgefordert, über das Evangelium zu diskutieren oder sein Evangelium zu analysieren. Das Evangelium soll weder diskutiert noch analysiert, sondern proklamiert werden. *Das Evangelium ist die gute Nachricht!, und eine gute Nachricht soll verbreitet werden.* Was der Engel am Weihnachtsabend zu den Hirten sagte, – das ist die gute Nachricht: „... ich verkünde euch eine große Freude, die dem ganzen Volk zuteil werden soll: Heute ist euch in der Stadt Davids der Retter geboren; er ist der Messias, der Herr." (Lk 10-11)

Das ist die gute Nachricht, die wir in der ganzen Welt verkünden sollen: „... Gott hat die Welt so sehr geliebt, daß er seinen einzigen Sohn hingab, damit jeder, der an ihn glaubt, nicht zugrunde geht, sondern das ewige Leben hat." (Joh 3,16) Jesus kommt in die Welt, nicht um die Welt zu richten, sondern um sie zu retten! Mit dem Heiligen Petrus sollen wir ausrufen: „... es ist uns Menschen kein anderer Name unter dem Himmel gegeben, durch den wir gerettet werden sollen." (Apg 4,12)

Jesus ist der Weg, die Wahrheit und das Leben; dies sagt er von sich selbst: „Ich bin der Weg und die Wahrheit und das Leben; niemand kommt zum Vater außer durch mich." (Joh 14,6) Suchen wir deshalb das Heil nicht auf anderen Wegen, denn es gibt nur einen Weg: Jesus!

Die Welt von heute muß Jesus besser kennenlernen,

denn für alle, die in der Finsternis des Irrtums wandern und für alle, die fremden und irreführenden Doktrinen folgen, sagt Jesus: „Ich bin das Licht der Welt. Wer mir nachfolgt, wird nicht in der Finsternis umhergehen, sondern wird das Licht des Lebens haben." (Joh 8,12)

Zeichen des Heils

In den vergangenen Tagen haben wir versucht, Jesus besser kennenzulernen. Wir sind gekommen, um ihm ganz persönlich zu begegnen. Jesus will uns helfen, daß wir ihn immer besser erkennen können. Jenen, die ihn suchen, gibt er Zeichen. Jene, die fragen, ob Jesus wirklich der Retter der Welt ist, oder ob wir einen anderen suchen sollen, weist Jesus wie die Jünger auf seine Zeichen hin.

Jesus heilt nicht alle Kranken – so wie wir es uns wünschen würden. Das hat er auch nicht versprochen. Aber er hat verheißen, daß die *Verkündigung von Zeichen begleitet wird:* „Durch die, die zum Glauben gekommen sind, werden *folgende Zeichen* geschehen: In meinem Namen werden sie Dämonen austreiben; sie werden in neuen Sprachen reden;... und die Kranken, denen sie die Hände auflegen, werden gesund werden." (Mk 17-18)

Auch heute wird der Herr wieder Kranke heilen. Diese Zeichen sollen die Glaubwürdigkeit seines Wortes bestätigen, damit die Welt glaubt, daß Jesus lebt, daß er der Retter, der Messias ist. Wenn Jesus heute in der ganzen Welt die Charismen erneuert, dann schenkt der Heilige Geist vor allem die Gnadengabe der Heilung, die unsere Evangelisation in wunderbarer Weise begleitet. Unsere Versammlung soll zuerst und vor allem der *Evangelisation* dienen. Wäre der Zweck dieser Versammlung nur auf die Heilung der Kranken gerichtet, dann müßte man sagen: Sie hat nicht viel Erfolg gehabt! Viele Kranke werden ja wieder mit ihrer Krankheit nach Hause gehen. Unser Treffen aber dient zuerst der Evangelisation, und die Heilungen, die Jesus wirkt, sind *jene versprochenen Zeichen, die die Evangelisation begleiten.* Dafür preisen wir wir ihn voll Freude!

12. Gebet für die Kranken

An jedem der vom 5.–7. Oktober 1990 von der Charismatischen Gemeindeerneuerung der Diözese Linz angebotenen *Glaubenstage* wurde die Heilige Eucharistie gefeiert. Im folgenden werden die *Heilungsgebete*, die Pater Tardif innerhalb der Heiligen Messen gesprochen hat, wiedergegeben; ebenso einige seiner *Worte der Erkenntnis* und eine kleine Auswahl von *Heilungsberichten*.

Wir wollen jetzt für alle Kranken, die hier sind und für all jene, die unserem Herzen besonders nahe stehen, beten. Wir wollen innerlich still werden und unsere Augen ganz auf Jesus richten.

Herr Jesus!

Du bist der gute Hirte!
Du hast gesagt: „Kommt alle zu mir, die ihr
euch plagt und schwere Lasten zu tragen habt.
Ich werde euch Ruhe verschaffen."
Herr, schau auf all die Kranken, die hier zu-
sammengekommen sind. Gedenke aller Kran-
ken, die uns gebeten haben, für sie zu beten.
Herr, habe Mitleid mit ihnen. Wir legen sie dir
heute zu Füßen, wie dies einst auch das Volk
in Galiläa getan hat. Du hast damals viele
Kranke geheilt. Du bist derselbe Herr und du
hast noch immer das gleiche Erbarmen, noch
immer die gleiche Macht.
Herr, wir flehen dich an, komm! Leg' deine
barmherzige Hand auf jeden unserer Kranken;

deine Hand, die am Kreuz von Nägeln durch-
bort worden ist. Durch die Macht deiner glor-
reichen Wunden, durch dein heiliges Kreuz
und durch dein Blut, das du für uns vergossen
hast, erweise dich auch heute abend als
Heiland!
Heile die Menschen mit körperlichen Leiden.
Heile jene, die in ihrem Herzen verwundet
sind. Und heile die, die ihrer Sünde wegen
innerlich leiden. Gib den Sündern ein
bereuendes Herz und gewähre ihnen deine
Verzeihung.
Wir bitten dich, Herr, durch dein Leiden und
deine Auferstehung. Wir bitten dich, weil du
der Heiland bist und gesagt hast: „Bittet, dann
wird euch gegeben!!!" (Lk 11,9)
Komm Herr und bestätige durch Wunder und
Zeichen das Wort, das wir heute in deinem
Namen verkündet haben. Komm, damit der
Glaube des ganzen Volkes weiter wachsen
kann, damit alle erkennen, daß du der Sohn
Gottes, der Messias bist! Wir erbitten das durch
die Fürsprache der Seligen Jungfrau und
Gottesmutter Maria.
Herr, wir sind uns deiner Gegenwart, deiner
Güte und deines großen Erbarmens so sicher,
daß wir dir danken, noch ehe wir das Resultat
unserer Bitten kennen. Danke für all das, was
du jetzt in diesem Augenblick unter uns wirkst.
Lob und Preis sei dir, o Herr!

Während des Sprachengebetes legte mir der Herr die Gewißheit ins Herz, daß in dieser Versammlung mehrere Personen an Krebs erkrankt sind. Es sind mindestens fünf hier, die der Herr heute heilen möchte und zwar so, daß sie *allmählich gesunden* und vielleicht schon in einem Monat anhand eines Röntgenbildes feststellen werden, daß der Krebs geheilt ist. Jene, die der Herr von Krebs heilen will, empfinden eine besondere Wärme an der erkrankten Stelle.

Eine Heilung von Krebs kann mit Sicherheit erst nach fünf Jahren bestätigt werden. Dennoch lassen bereits eingetretene Veränderungen im Krankheitszustand auf eine bereits erfolgte vollständige oder teilweise Heilung schließen.

Frau Herta S. litt an einem bösartigen Lymphom; eine Chemotherapie hatte sie bereits hinter sich, zwei weitere Chemotherapien sollte sie noch vor der nächsten Untersuchung erhalten. Eine nicht vorgesehene, nach dem Heilungsgebet durchgeführte Ultraschalluntersuchung zeigte keine Anzeichen eines Lymphoms mehr.

Frau Maria S. ist an Lungenkrebs erkrankt und berichtet, daß sie während des Heilungsgebetes starke Wärme fühlte und ihre großen, stechenden Schmerzen im Rücken plötzlich verschwunden waren. Eine Untersuchung nach fünf Tagen ergab zum großen Erstaunen des Arztes, daß sich ihr Zustand erheblich gebessert hatte.

Wir danken dir Herr, daß du auch Menschen mit Herzleiden heilst. Es befindet sich hier ein sechsundfünfzigjähriger Mann, der sich einer Herzoperation unterziehen soll. Er ist nur mühsam hierhergekommen, da er schon sehr krank ist. Der Herr aber beginnt jetzt, dein krankes Herz zu heilen. Du wirst keine Operation brauchen.

Schon jetzt, in dieser Woche, wirst du merken, wie du wieder die Stiegen hinaufgehen kannst, und sehen, daß dein Herz wieder gut funktioniert.

Herr Johann H., 56 Jahre alt, der wegen seines Herzleidens (undichte Herzklappe, Herzmuskelschaden, Herzwandverdickung, Frequenzstörungen, Angina Pectoris) schon zweimal in der Intensivstation war und frühzeitig pensioniert ist, kann am Tag nach dem Heilungsgebet schon Stiegensteigen und eine Woche später einen Berg bezwingen.

Pater Tardif sprach auch davon, daß der Herr Menschen mit Nervenschmerzen und Depressionen heilen würde.

Eine Dame, Frau Margarethe W., die jahrzehnte lang unter stärksten Nervenschmerzen litt, sogar einige Jahre mit Morphium behandelt wurde, war während des Heilungsgebetes im Dom und betete für andere. Sie berichtet nach einer Woche, daß die Schmerzen seit dem Gebet wie weggeblasen sind.

Manche Heilungen können wir sofort überprüfen. Der Herr heilte schon während der Messe Personen, die starke Schmerzen im Rücken hatten und die nur mehr mit Mühe ihre Arme heben konnten. Jetzt aber seid ihr schmerzfrei. Kommt heraus und dankt dem Herrn! Er will haben, daß wir sein Lob verkünden!

Einige fühlten sich sofort nach dem Gebet angesprochen und legten Zeugnis ab:

Nach einem ähnlichen Aufruf innerhalb eines Heilungsgottesdienstes in Salzburg meldete sich niemand, obwohl Pater Tardif auf eine bestimmte Gruppe von Menschen wies, unter denen der Geheilte sein müsse. In diesem kleinen Personenkreis befand sich tatsächlich ein Herr, der eine besondere Wärme verspürte, sich aber nicht zu erkennen gab, da er seiner

*Heilung nicht sicher war. Zu Hause entdeckte er aller-
dings, daß er sich ohne Schmerzen bücken konnte, was
ihm vorher nicht möglich gewesen war. Außerdem
konnte er seelische Verwundungen, die er erlitten hatte,
vollkommen vergeben.*

*Pater Tardif erwähnte auch Schmerzen, die durch
einen Autounfall verursacht worden waren und die der
Herr jetzt heile.*

*Frau Monika W. berichtet, daß sie nach einem Autoun-
fall vor 20 Jahren Tag und Nacht Schmerzen hatte und
starke Tabletten nehmen mußte. Nach dem Gebet verspürte sie einen kurzen stark brennenden Schmerz,
dann mußte sie weinen, und seither ist sie vollständig
beschwerdefrei.*

*Einen Monat nach der Veranstaltung im Dom gab ein
Priester, Josef M. nach der Eucharistiefeier ein öffentli-
ches Zeugnis und berichtete: „Ich saß während des Gebetes un Heilung im Beichtstuhl und hörte so nebenbei,
daß der Herr nun Leiden im Rückgrat heilen würde. Zu
meinem Erstaunen fühlte ich in meinem Rücken eine
angenehme Wärme. Seither kann ich auch wieder län-
gere Zeit stehen, ohne Rückenschmerzen zu bekommen."*

Unter uns befindet sich eine Ordensschwester, die, wie
der Arzt feststellte, infolge von Kalkmangel an starken
Rückenschmerzen leidet. Erschrick nicht, wenn du jetzt
eine starke Wärme spürst, denn es ist Jesus, der dich
jetzt heilt. Der Kalkmangel wird sich zurückbilden und
in einigen Wochen wirst du davon Zeugnis geben können.

*Die Barmherzige Schwester, Sr. Makrina, schreibt: „Ich
leide schon sehr lange unter Kalkmangel und muß seit 32
Jahren ein Stützmieder tragen. Es drängte mich, in den*

Dom zur Eucharistiefeier zu gehen. Ich blieb drei Stunden bei der Messe und fühlte keine Schmerzen. Das hatte ich noch nie erlebt und ich dankte Gott dafür. Vor dem Heilungsgebet drängte ich mich zum Ausgang und hörte gerade noch, wie Pater Tardif sagte, daß der Herr jetzt eine Ordensschwester von ihrem Wirbelleiden befreien würde. Ich verspürte die beschriebene Wärme, wollte mir aber nichts einbilden und ging nach Hause. Ich war frisch und ohne Schmerzen. Am Tag darauf habe ich das Stützmieder erstmals seit 32 Jahren weggelassen. Nun bin ich schmerzfrei und brauche das Mieder nicht mehr."

Es ist hier jemand, der eine Milchallergie hat. Der Herr aber heilt ihn, und er kann jetzt ohne Probleme Milch trinken.

Mag. Johann P. berichtet: „Ich war mit meiner Frau bei den Vorträgen im Dom und hatte schon vergessen, daß auch ein Gebet um Heilung gesprochen werden sollte. Als Pater Tardif sagte, der Herr würde jetzt einen Mann von seiner Milchallergie heilen, stieß mich meine Frau an und lachte. Ich fühlte mich angesprochen und wollte eine eventuelle Heilung überprüfen. Ich litt jahrzehnte unter dieser Allergie und war in der Verwandtschaft und Bekanntschaft dafür bekannt. Zu meiner Überraschung und großen Freude kann ich tatsächlich seit dem Gebet im Dom ohne geringste Probleme Milch, die ich früher nicht einmal riechen konnte, trinken.

Es gibt hier auch drei taube Menschen, die jetzt geheilt werden. Sie hören bereits ganz gut...

Vor dem Schlußsegen kam Frau Hedwig L. zum Mikrophon und berichtete: „Ich saß vor dem Hochaltar in der Votivkapelle. Plötzlich hat der Lautsprecher auf meinem linken Ohr, das schon zehn Jahre taub war, richtig geballert. Ich danke Gott!"

Es gibt hier einige, die der Herr jetzt an den Knien heilt... Wer keine Schmerzen mehr hat, soll das bitte zu erkennen geben. Es sind hier mehrere, die geheilt worden sind.

Schon im Dom stehen nun Menschen auf, um zu zeigen, daß die Schmerzen geschwunden sind.

Herr Walter S. berichtete einige Tage später, daß er sich dreimal einer Meniskusoperationen im linken Knie unterziehen mußte und den Fuß nicht mehr belasten konnte. Nach dem Gebet um Heilung konnte er den Fuß normal belasten, meldete die erfolgte Heilung aber erst einige Tage nach dem Heilungsgottesdienst.

Frau Pauline K. berichtete, daß sie als Landwirtin der bevorstehenden Weinlese wegen ihrer starken Schmerzen im rechten Knie mit großer Angst entgegensah. Sie hatte bereits einige Orthopäden aufgesucht; Bestrahlungen, Punktierungen und Spritzen... erhalten. Bestenfalls trat eine vorübergehende Erleichterung ihrer Schmerzen ein. Nach dem Gebet um Heilung klangen die Schmerzen ab und sind nun völlig verschwunden. Sie kann seither ihre schwere Arbeit ohne jegliche Beschwerden verrichten.

Schließlich berichtete eine Frau aus der Steiermark, daß ihre Schmerzen nach dem Gebet vollständig gewichen waren. Drei Tage später jedoch kamen sie umso stärker zurück. Sie sprach mit einem Priester darüber, der sie fragte: „Kannst du Gott auch mit deinen Schmerzen lieben?" Die Antwort ihres Herzens war: „Ja!" Sie nahm ihre Schmerzen an und dachte daran, sie nun doch für immer behalten zu müssen. Am Tag darauf waren sie aber vollständig verschwunden. Die Schmerzfreiheit hält bis heute an.

Es sind mindestens drei Menschen hier, die nur mühsam mit Krücken gehen können und die der Herr jetzt zu heilen beginnt. Diese Personen spüren jetzt etwas in ihren Beinen. Versucht jeden Tag neu im Namen Jesu zu gehen. Jeden Tag wird es besser werden. Wir wollen euch mit unseren Gebeten begleiten.

Einige Personen erhoben sich und waren bereit, Zeugnis zu geben.

Frau Christine S. befand sich nicht unter ihnen, da sie den Altarraum nicht erreichen konnte. Frau S. konnte sich nur mehr mühsam mit Krücken fortbewegen. Sie ist deshalb schon in Frühpension. Sie konnte sich nicht einmal allein baden. Eine Bekannte half ihr dabei. Einige Tage nach dem Gebet im Dom trifft Frau S. ihre Bekannte, die aus allen Wolken fällt, als sie Frau S. ohne Krücken gehen sieht.

Ich bekam vom Herrn das Wort, daß er heute mehrere kranke Kinder heilen wird. Der Herr kennt die Ursache der Krankheit und wird die Kinder heilen.

Es gibt auch vorübergehende Heilungen oder Linderungen in Etappen. Ein fünfjähriger Bub, Dominik L., der seit Geburt an Blutarmut und starker Appetitlosigkeit litt, aß nach dem Heilungsgebet zehn Tage lang mit sichtlicher Freude und großem Appetit sehr viel. Für die Mutter war dies ein mächtiges Zeichen. Zehn Tage später kehrte aber nach einer Grippe die Appetitlosigkeit wieder zurück. Nach zehn weitere, für die Mutter schmerzlichen Tagen begann das Kind aber wieder so viel zu essen, daß es allgemein auffiel.

Unter den Kindern, die vollständige oder teilweise Heilung, bzw. Linderung erfahren haben, befindet sich Barbara S., ein kleines siebenjähriges Mädchen. Die Eltern kamen von weither zum Sonntagsgottesdienst. Da der Dom bei ihrer Ankunft bereits überfüllt war, blieben die Eltern mit dem Kinde vor dem Eingangsportal, wo sie der Messe über die Lautsprecher folgen konnten. Das Mädchen litt an Bettnässen, was in ihrer Familie kein Einzelfall und offensichtlich vererbt war. Man kann sich vorstellen, wie groß die psychische Belastung so eines Kindes und seiner Angehörigen ist. Plötzlich fragte Barbara ihre Mutter: „Wie ist das, wenn der Herr jemanden heilt?" „Warum?" fragte die Mutter, und das Kind antwortete: „Mir ist im Kopf ganz heiß."

Das Mädchen ist seit diesem Tag von ihrem Leiden befreit; die Eltern sind überglücklich, da sie mit einer Behebung dieses Übels vor dem vierzehnten Lebensjahr kaum gerechnet hatten. Ein anschließender, bereits vor dem Heilungsgottesdiesnt vereinbarter Besuch bei einer Psychiaterin bestätigte, daß so ein Leiden, wie es diese Siebenjährige hatte, vom Kopf – in dem während der Heilung das Kind die Wärme verspürte – ausgehe; Niere und Blase waren ja organisch gesund.

Wir danken dir, Herr Jesus, auch für die inneren Heilungen, die du jetzt vollbringst. Es sind hier tief verletzte Personen, die während der Messe eine tiefe innere Heilung erfahren haben und eine große Freude empfinden. Eine große Zahl von Menschen können diese innere Heilung bezeugen. Die überwiegende Anzahl der Heilungen waren sogenannte **innere Heilungen**, die sich beim Empfang des Sakramentes der Vergebung vollzogen, und zu dem Pater Tardif inständig aufgerufen hatte. Viele Menschen, die in innerem Unfrieden gelebt hatten, erfuhren Vergebung und Versöhnung mit Gott. Diese seelischen Heilungen werden nie eine ärztliche Bestätigung erhalten. Damit wir aber zu dieser Dimension der inneren Heilung im Sakrament einen tieferen

Zugang erfahren, schenkt uns der Herr auch sichtbare und überprüfbare Zeichen äußerer Heilung. Wer versucht ist, entweder an den äußeren Zeichen hängenzubleiben oder sie abzulehnen, sollte sich an das eindrucksvolle Wort des Herrn erinnern: „Was ist leichter, zu sagen: Deine Sünden sind dir vergeben!, oder zu sagen: Steh auf und geh umher?" (Lk 5,23)

Diese kleine Auswahl von Heilungsberichten möge genügen, um zu erahnen, in welcher Weise der Herr die Glaubensbotschaft, die Pater Tardif vermittelte, bekräftigte.

Wie aus vielen Briefen und zahlreichen Telefonaten hervorgeht, wünschen viele Menschen, daß Pater Tardif für ihre Anliegen bete und bald wieder an einem für sie erreichbaren Ort einen Gottesdienst feiern möge.

Doch es ist wichtig, zu verstehen, daß die Zeichen, die durch die Gabe von Pater Tardif geschehen, nicht zu diesem charismatisch begabten Priester führen sollen, sondern allein zu Jesus. ***In Jesus ist Heil; in IHM allein!***

Das Heil, das Jesus wirkt, kann immer und überall erfahren werden. Zu diesem Zweck werden schon jahrelang in vielen Diözesen Gottesdienste mit Gebet für die Kranken angeboten, und der Herr schenkt dabei manchmal auffallende körperliche oder innere Heilung. Schließlich sind alle Christen aufgerufen, immer wieder vertrauensvoll füreinander zu beten.

Wir wollen dieses Buch mit einem Heilungsgebet schließen, das Pater Tardif ebenfalls bei einem Gottesdienst im Linzer Dom gesprochen hat. Wer bereit ist, dieses Gebet im Glauben und Vertrauen zu beten, möge vorerst das Buch einen Augenblick zur Seite legen und seine Beziehung zu Gott überdenken.

Danken Sie Gott für ihr Leben, das für die ewige Herrlichkeit bestimmt ist. Reden Sie mit Gott wie mit einem Vertrauten! Er ist ihr bester Freund, er ist Ihnen jetzt ganz nahe und er hört Ihr Gebet.

Legen Sie nun alle Sorgen, allen Kummer und alles seelische oder körperliche Leid mit dem folgenden Gebet vertrauensvoll in die Hände Jesu, der die Macht hat, Sünden zu vergeben und Krankheiten zu heilen.

Herr Jesus!
Wir alle wollen heute verkünden, daß du der
rettende Messias, der Sohn Gottes bist. Wir
glauben, Jesus, daß du heute in dieser Kirche
anwesend bist. Wir glauben, daß du in der
Eucharistie, die wir soeben empfangen haben,
wahrhaft anwesend bist. Wir danken dir dafür,
daß du zu uns gekommen bist, du, das
lebendige Brot des Himmels. Herr Jesus, du bist
der gute Hirte. Wir alle sind Schafe in deinem
Reich. Wir wollen dir heute nachmittag alle
Kranken, die hier sind und auch alle Kranken,
die uns gebeten haben, für sie zu beten, zu
Füßen legen. Herr, du kennst sie, du kennst
ihre Leiden und auch die Ursache ihrer Leiden.
Wir flehen dich an, habe Erbarmen mit ihnen.
Sieh nicht auf unsere Sünden, sondern sieh
den Glauben deiner Kirche.
Komm in diese Versammlung, Jesus, und lege
deine segnende Hand auf jeden Kranken.
Befreie sie von ihrer Angst und ihrer Traurig-
keit! Befreie sie von ihren Ängsten, Herr!

Beginne jetzt, unsere Kranken zu heilen. Du, der du die Auferstehung und das Leben bist; du, der du die Fülle des Lebens bist! Herr Jesus, wir bitten dich darum in der Kraft deines Erbarmens und deiner Auferstehung.

Beginne jene zu heilen, die körperlich leiden und gib, daß sie bald eine Änderung ihres Gesundheitszustandes erkennen mögen.

Und jenen, die du heute nicht heilen wirst, Herr Jesus, gib viel Frieden ins Herz! Gib ihnen die Kraft, daß sie ihr Leiden mit deinem Leiden am Kreuze vereinen, damit ihr Leiden Ewigkeitswert bekommt.

Heute Herr, an diesem Tag des Rosenkranzfestes, bitten wir dich durch die Fürsprache der Muttergottes darum, mit uns armen Sündern Mitleid zu haben. Berühre nicht nur jene, die körperlich leiden, sondern heile auch die verwundeten Herzen, die Herzen, die durch die Ungerechtigkeiten des Lebens verletzt wurden. Gib ihnen ein neues Herz, o Herr! Gieße aus deinen Geist des Friedens!

Heile auch jene, die in ihrer Seele leiden. Gib, daß sie ihre Fehler tief bereuen. Wir bitten um dein Erbarmen! All das erbitten wir von dir, Herr Jesus, weil du unser Retter bist.

Du bist nicht gekommen, um diese Welt zu richten, sondern um sie zu retten. Rette heute jene, die sich schon verloren glaubten. Befreie jene, die Sklaven der Droge, des Alkohols, des Hasses und des Grolls waren. Durchbrich all diese Fesseln, o Herr! Gib allen die Freiheit! All das erbitten wir zur Ehre Gottes, des Vaters.

Wir erbitten das zum Ruhme deines Namens.
Bestätige dein Wort, das wir verkünden, durch
Wunder und Zeichen, damit dein Volk im
Glauben wachsen möge und damit alle aus-
rufen: Es gibt unter dem Himmel keinen ande-
ren Namen, der den Menschen gegeben wurde,
damit sie gerettet werden.

Herr, wir sind deiner Gegenwart, deines
großen Erbarmens für die Leidenden und dei-
ner Macht so sicher, daß wir dir schon jetzt im
Glauben danken. Danke, Herr Jesus, für alles,
was du für uns tust! Danke für die Kranken,
die du schon geheilt hast! Danke Herr, für die
Zeugnisse, die schon gegeben wurden und die
uns helfen, im Glauben zu wachsen. Wir ver-
sprechen dir, Herr Jesus, weiterhin dein Lob
und deine Herrlichkeit zu verkünden und von
all dem Zeugnis abzulegen, was du in deinem
großen Erbarmen für uns tust. Preis und Ehre
sei dir, o Herr Jesus!

Weitere Bücher von P. Emiliano Tardif

Jesus Lebt, Vier-Türme-Verlag, Münsterschwarzach
Jesus ist der Messias, Vier-Türme-Verlag, Münsterschwarzach

Bücher zur Glaubensvertiefung von P. Hans Buob SAC

(Durch Impulse der Charismatischen Gemeindeerneuerung der Diözese Linz entstanden, alle Veritas-Verlag)

Die Gaben des Heiligen Geistes
Eine wertvolle Orientierung für alle, die sich den Charismen öffnen wollen.

Wachstum im Gebet
Das Buch zeigt in einfacher und anschaulicher Weise die Gesetzmäßigkeiten im geistlichen Leben auf.

Die Gabe der Unterscheidung der Geister
Ein Buch über den Heiligen Geist – den unbekannten Gott, die Unterscheidung der Geister und die Eucharistiefeier.

Berufen zur Hingabe
Ein Wegweiser zu einem geglückten Leben in Vollkommenheit.

Neue Bücher zur Glaubensvertiefung von P.Anton Gots
(Autor aus der Charismatischen Gemeindeerneuerung der Diözese Linz, Styria-Verlag)

Zusammen mit Maria, der Mutter Jesu

Maria ist nach Pater Tardif der *Leitstern der Evangelisation!*

Pater Gots zeigt in wunderbarer Weise die Bedeutung Mariens für die persönliche Lebensgeschichte jedes Christen.

Du machst uns neu durch Deinen Geist (Grundkurs der Glaubenserneuerung)

In den Vorträgen verweist Pater Tardif immer wieder auf sogenannte *Leben-im-Heiligen-Geist-Semiare.* Pater Gots beschreibt in seinem Buch ausführlich diese Seminare und gibt Starthilfen zu deren Durchführung sowie Impulse zur persönlichen Nacharbeit.

Bücher zur Glaubensvertiefung von Ingeborg Obereder

(Autorin aus der Charismatischen Gemeindeerneuerung der Diözese Linz, alle Veritas-Verlag)

Medjugorje-Einladung zum Frieden

Pater Emiliano Tardif steht mit Medjugorje in inniger Beziehung und verweist ausdrücklich auf Botschaften, die Maria in Medjugorje gegeben hat.

Das vorliegende Buch versetzt den Leser mitten in die faszinierenden Geschehnisse, die derzeit noch immer andauern.

Vorbild erneuerten Glaubens – Therese von Lisieux

Therese von Lisieux ist eine faszinierende, moderne Heilige, der die praktische Ausübung der Charismen etwas Selbstverständliches war. Das Buch zeigt, daß

Therese von Lisieux, Patronin der Weltmissionen, uns auch heute wieder starke Impulse für die Evangelisation gibt.

Therese – Eine Freundin für immer

Eine wertvolle Glaubenshilfe für Kinder bis zum Firmalter. In spannenden Geschichten werden die grundlegenden Glaubenswahrheiten am Beispiel der heiligen Therese von Lisieux dem jungen Leser einsichtig und nachahmenswert nahegebracht. Das Buch eignet sich auch sehr gut für den Religionsunterricht.

NACHWORT

Die Anliegen von Pater Tardif sind *Glaubensvertiefung* und *Evangelisation*. Unter den zahlreichen religiösen Angeboten unserer Zeit – vor allem jenen der Erneuerungsbewegung – sind *Leben-im-Heiligen-Geist-Seminare* und *Gebetsgruppen* zeitgemäße Antworten der Kirche auf die Fragen nach dem Sinn des Lebens und Speise für den Hunger nach Gott.

Die Nationalsekretariate der *Charismatischen Gemeindeerneuerung* werden Ihnen gerne Termine von *Seminaren, Gebetsabenden* und *Gottesdiensten* (mit Gebet für die Kranken) mitteilen.

Sekretariatsadressen:

Bundesrepublik Deutschland:
Kim Kollins
St. Michael-Haus Aspel
DW-4242 Rees 3

oder:

Evangelisationszentrum
Maihingen
Klosterhof 5
DW-8861 Maihingen

Schweiz:
Kreuz-Jesu-Gemeinschaft
Altes Kurhaus
CH-6067 Melchtal

Österreich:
Pfr. Otto Feuerstein
Salvator Kolleg
Lochauerstraße 107
A-6912 Hörbranz

Südtirol:
Dir. Hermann Parth
Marconistraße 9
I-39100 Bozen